Berlitz®

Vorsicht Englisch!

Heiße Flirts & coole Abfuhren

München • New York • Singapur

Berlitz Vorsicht Englisch! – Heiße Flirts & coole Abfuhren

Herausgegeben von der Berlitz-Redaktion
Verfasserin: Emily Bernath
Übersetzerin: Kerstin Kammann
Illustrationen: Kyle Webster, Amy Zaleski
Layout: Jürgen Bartz
Projektleitung: Eva Betz

Berlitz Publishing
Mies-van-der-Rohe-Straße 1
D-80807 München

Satz: Franzis print & media GmbH, München
Printed in Germany
ISBN-10: 3-468-79154-2
ISBN-13: 978-3-468-79154-3

Inhalt

Warm-up

Du suchst in den USA oder Großbritannien einen heißen Urlaubsflirt oder willst dir schlechte Anmachen vom Hals halten? Vergiss Schulgrammatik und Lehrbuchsätze – in *Berlitz Vorsicht Englisch! – Heiße Flirts & coole Abfuhren* findest du die Sprache, mit der dich Briten und Amis wirklich ernst nehmen!

Was du wissen solltest ...

Ein bisschen Englisch solltest du schon können. Die meisten Ausdrücke kannst du für Boys und für Girls benutzen. Wenn's doch mal komplizierter wird, ist der Spruch markiert.

♂ bedeutet, das Wort oder den Satz kannst du nur zu oder über Jungs sagen.
♀ heißt, du solltest nur Mädels so ansprechen bzw. so über sie sprechen.

Englisch ist nicht gleich Englisch. Was in den USA total angesagt ist, verstehen die Briten vielleicht nicht mal. Damit du überall den richtigen Ton triffst, sind alle Ausdrücke markiert, die nur in den USA (*AE*) oder nur in Großbritannien (***BE)*** benutzt werden. Wörter, die man nur in einzelnen Landesteilen hört, sind auch gekennzeichnet

(z. B. ***ENGLAND***). Aber wundere dich nicht, wenn du diese Ausdrücke auch mal woanders hörst. Die Umgangssprache ändert sich ständig, und durch Filme und Musik kommen amerikanische Wörter nach Großbritannien und umgekehrt.

Vorsicht!

Damit du dir beim heißen Flirten nicht den Mund verbrennst oder dir für eine extracoole Abfuhr eine fängst, sind die schärfsten Sprüche gekennzeichnet.

! Vulgärer oder gewagter Ausdruck!

 Total vulgär oder gewagt. Achtung, diese Meldung könnte auch fett nach hinten losgehen!

Du hast es hier mit dem Englisch zu tun, das man wirklich spricht, deshalb geben wir dir eine möglichst genaue deutsche Übersetzung. So kannst du sehen, wann ein Ausdruck oder ein Spruch wirklich angebracht ist und wann voll daneben.

Außerdem wirst du auf diese Zeichen stoßen:

Unzensiert Echt vulgär oder anstößig

FACTS Coole Facts – kaum zu glauben, aber wahr

Für Insider Insidertipps

Zu guter Letzt

Sprache verändert sich ständig. Was heute in ist, kann morgen schon out sein. Wenn du in diesem Buch also etwas liest, was absolut von gestern ist, oder wenn du ein cooles Wort kennst, das wir vergessen haben – schreib uns eine Mail an **redaktion@berlitzpublishing.de**.

Nicht umsonst steht auf dem Cover „Unzensierte Ausgabe“! Bewahre dieses Buch für Eltern, Lehrer und potenzielle britische und amerikanische Schwiegermamas unzugänglich auf! Risiken und Nebenwirkungen beim Gebrauch der Ausdrücke kann der Verlag nicht ausschließen.

1 Anmachen und Abwimmeln

- *Flirt-Sprüche für jede Gelegenheit*
- *Süße Komplimente für Fortgeschrittene*
- *Coole Abfuhren: Wie du nervige Typen und Tussen wieder loswerden kannst!*

Erste Worte 1

Du beobachtest den Typen oder das Mädel schon eine ganze Weile und findest ihn oder sie unheimlich süß … Lass dir den Flirt deines Lebens nicht entgehen und versuch's mal mit den folgenden Sprüchen:

What's your name?
Wie heißt du?
Trau dich, jemanden anzuquatschen, du kannst nie wissen, wo es hinführt …

Where are you from?
Wo kommst du her?

Is this your first time here?
Bist du zum ersten Mal hier?

Do you come here often?
Bist du öfter hier?
Fast schon ein bisschen abgelutscht, aber man weiß nie …

Are you here alone?
Bist du allein hier?
Der Klassiker – aber vielleicht klappt's.

Can I introduce you to my friend?
Darf ich dich meinem Freund/meiner Freundin vorstellen?

1

Do you have a boyfriend / girlfriend?
Hast du einen festen Freund/eine feste Freundin?
Direkt, aber wenigstens weißt du dann gleich, was Sache ist.

So what do you do, apart from being sexy?
Und was machst du sonst so, außer sexy auszusehen?
Ein Kompliment ist immer ein guter Weg, einen Flirt zu starten.

Für Insider In Großbritannien und den USA wird „speed dating" immer beliebter. Das sind Events für Singles in Kneipen oder Cafés, wo jeder Teilnehmer nur fünf Minuten lang mit einem anderen sprechen darf, bevor die Gesprächspartner wechseln. So können sich sehr viele Leute innerhalb kürzester Zeit treffen. Wenn dir jemand sympathisch ist, könnt ihr euch zu einem richtigen Date verabreden.

Flirten überall

1

Platte Baggersprüche sind vielleicht ganz witzig, aber eigentlich total uncool, und Erfolg wirst du damit auch selten haben. In Großbritannien und den USA kommt es wesentlich besser an, wenn du einfach du selbst bist und deinem Flirt signalisierst, dass du ihn gerne näher kennen lernen möchtest. Hier findest du einen Mix aus beidem, damit du in jeder Situation den passenden Spruch auf Lager hast.

Im Lieblingscafé oder in der Stammkneipe

Du trinkst wie jeden Abend noch ein Bierchen, und auf einmal kommt er oder sie zur Tür herein? Dann versuch's doch mal damit:

The … here is / are great, can I buy you one?
Der/Die/Das … ist/sind hier wirklich super. Darf ich dir was ausgeben?

Is this seat taken?
Ist der Stuhl noch frei?
Hab nur keine Hemmungen, dich selbst einzuladen.

1

Can I join you?
Darf ich dir Gesellschaft leisten?

It's a nice place here, isn't it?
Es ist nett hier, oder?

Is this your local? *BE*
Ist das deine Stammkneipe?
Check gleich mal ab, ob du ihn oder sie dort öfter antreffen kannst ...

Can I buy you a drink?
Willst du was trinken?

I'll get this.
Ich übernehme das.

Wenn dein Flirt schon am Zahlen ist:

No, let me.
Warten Sie, lassen Sie mich das machen./
Warte, lass mich das machen.

Und wenn er oder sie trotzdem noch zögert:

I insist.
Ich bestehe darauf.

Für Insider In den USA haben Jungs und Mädels Dates. Es ist völlig o.k., mehr als eine Person gleichzeitig zu daten, wenn die Beziehung nicht ernst ist. Nach ein paar Verabredungen entscheidet man sich, wie es weitergehen soll.
In Großbritannien startet die ganze Dating-Sache erst richtig mit Ende 20 oder Anfang 30. Paare lernen sich hauptsächlich über zwei Wege kennen: Einmal gibt es diejenigen, die schon seit längerem befreundet sind, sich irgendwann näher kommen und schließlich zusammenkommen. Andere lernen sich beim Weggehen mit Freunden in einem Club oder einer Kneipe kennen, dann entwickeln sich die Dinge ein bisschen schneller. Entweder trifft man sich wieder oder eben nicht. „Dating" ist eigentlich immer noch etwas typisch Amerikanisches.

1 Auf dem Dancefloor

Wenn hier nichts läuft, wo dann? Schon ein Opfer gefunden? Dann versuch's mal mit folgenden Anmachen:

Do you like this music?
Stehst du auf diese Musik?
Quatschen oder abdancen, das liegt ganz bei dir ...

Can I get you a drink while I'm at the bar?
Kann ich dir was zu trinken besorgen, wenn ich an der Bar bin?

Would you like to dance?
Hast du Lust zu tanzen?

FACTS Britische Jungs machen Mädels generell nur ganz selten Komplimente über z. B. ihr Aussehen oder ihren Tanzstil. Normalerweise tun das die Girls nur unter sich. Wenn du ihr trotzdem mal was Nettes sagen willst, sag's einfach gerade heraus, z. B. „You're dancing well" (Du tanzt echt gut.). Wenn du einem Mädchen ein Kompliment über ihr Äußeres machen willst, kannst du es mit „That dress really suits you" (Das Kleid steht dir wirklich super.) oder „Wow, you've got amazing hair" (Wow, du hast total schöne Haare.) versuchen. Aber solche Kommentare sind für einen Briten wirklich sehr untypisch. Versuch lieber ein Gefühl der Vertrautheit zu schaffen ...

Do you have a light?
Hast du Feuer?
Nicht gerade originell!

The music is great here, isn't it?
Die Musik ist super hier, oder?

The DJ is really cool. He is a mate *BE* / friend *AE, BE* of mine.
Der DJ ist echt cool. Er ist einer meiner Kumpels.

Can we go somewhere quieter?
Können wir irgendwo hingehen, wo es ruhiger ist?
Vorsicht: Er oder sie will nicht nur ein bisschen reden ...

Oder wenn's ein bisschen platter sein soll:

You've made me so nervous that I've totally forgotten my standard pick-up line.
Du machst mich so nervös, dass ich meinen üblichen Baggerspruch total vergessen hab.
Dämlich, aber auch irgendwie süß, vielleicht funktioniert's ja!

Here's a quarter ***AE*** **/ twenty pence** ***BE*** **… call your roommate** ***AE*** **/ flat mate** ***BE*** **/ dad and tell him / her you won't be coming home tonight.**
Hier hast du 25 Cent/20 Pence. Ruf deinen Mitbewohner/deine Mitbewohnerin/deinen Dad an und sag ihr/ihm, dass du heute Nacht nicht nach Hause kommst.
… weil du mit mir nach Hause gehst!

I'm not drunk, I'm just intoxicated by you.
Ich bin nicht betrunken. Ich bin nur völlig von dir berauscht.

Excuse me, I'm a little short on cash, would you mind if we shared a cab home?
Sorry, ich bin gerade etwas knapp bei Kasse. Würde es dir was ausmachen, wenn wir uns ein Taxi nach Hause teilen?

Und hier ein paar weniger nette Anmachsprüche für Besoffene und Obercoole:

Come on, you'll do …
Was soll's, besser als gar keine/keiner …
Im Klartext: „Ich finde gerade niemand Besseren, also wie wär's mit uns?" Wenn die andere Person nicht auch stockbesoffen ist, kassierst du für so 'nen miesen Spruch sicher eine Ohrfeige.

I've had quite a bit to drink, and you're beginning to look pretty good.
Ich hab ziemlich viel getrunken, und du fängst an, richtig gut auszusehen.

Der heiße Flirt am Strand

Sommer, Sonne, Strand … mit den Temperaturen steigen die Gefühle!

My friends and I are getting together a volleyball game, and we need some more guys / girls to balance out the teams. Want to play?
Meine Freunde und ich wollen Volleyball spielen, und wir brauchen noch ein paar Jungs/Mädels, damit die Teams gleich stark sind. Hast du Lust mitzuspielen?

1

Which hotel are you staying at? I'm at ...
In welchem Hotel wohnst du? Ich wohne im ...

Can you send / throw me back the frisbee please?
Kannst du mir bitte das Frisbee zurückwerfen?

It's warm. Do you want to go for a swim?
Es ist warm. Willst du schwimmen gehen?

You have a great tan!
Du bist superschön braun!

Do you need someone to do your back?
Brauchst du jemanden, der dir den Rücken eincremt?
Geh auf Körperkontakt mit den Strand-Beautys!

Can I see your tan lines? ♀ **!**
Zeigst du mir deine Bikinistreifen?
Direkter geht's kaum ...

Sport ist ... Flirt!

Nichts ist heißer als ein durchtrainierter Körper. Gib alles bei diesen Anmachen!

Do you train *BE* **/ work out** *AE* **here often?**
Trainierst du öfter hier?

I'm having a bit of trouble. Can you give me a few tips on technique?
Ich hab ein bisschen Schwierigkeiten. Kannst du mir ein paar Techniktipps geben?
Tu so, als würdest du ihn oder sie für einen Profi halten!

Do you need a spot?
Brauchst du einen Spotter?
Es gibt keine bessere Gelegenheit, um seinen oder ihren Körper abzuchecken. Aber vergiss nicht, auch das Gewicht im Auge zu behalten ...

Wow, that lifting is really paying off.
Wow, dein Gewichttraining zahlt sich wirklich aus.
Zeig ihm oder ihr, dass du total auf seinen/ihren muskulösen Körper abfährst!

You've got a great figure / great muscles.
Du hast so eine super Figur/so geile Muskeln.

You're so strong!
Du bist so stark!
Klingt ein wenig albern.

1

We're lacking somebody to make up a four-some for tennis / badminton, would you like to join in? *BE* **/ We need a fourth for tennis / badminton, wanna join us?** *AE*
Uns fehlt noch jemand für ein gemischtes Doppel beim Tennis/Badminton. Hast du Lust mitzuspielen?

Would you like to go for a drink afterwards?
Hast du Lust, danach noch was trinken zu gehen?

Für Insider Das Fitnessstudio ist nicht nur zum Trainieren und Schwitzen da. Im Gegenteil, hier kann man super heiße, muskulöse Typen und sexy Frauen beobachten, wie sie ihren Körper in Form bringen. Außerdem kannst du dort perfekt andere junge Leute kennen lernen, die zumindest eines mit dir gemeinsam haben: den Wunsch nach gutem Aussehen.

Das Glück liegt ...

... auf der Straße. Man muss nicht immer an ungewöhnliche Orte gehen, um jemanden kennen zu lernen. Manchmal genügt es, auf der Straße die Augen offen zu halten! So kannst du ihn oder sie ansprechen ...

Excuse me, where's ...?
Entschuldige, kannst du mir sagen, wo ... ist?
Es spielt keine Rolle, ob du dich wirklich verlaufen hast oder nur nach einem Vorwand für ein Gespräch suchst!

I swear I'm not following you, but I noticed we've been heading the same way for a while. Are you going to the ...? (museum / train station / stadium / restaurant)
Ich schwöre, dass ich dir nicht gefolgt bin, aber mir ist aufgefallen, dass wir schon seit einer Weile in die gleiche Richtung laufen. Willst du auch ins/zum ...? (Museum/Bahnhof/Stadion/Restaurant)
Auch wenn ihr doch nicht das gleiche Ziel habt, ist das immerhin eine gute Möglichkeit, jemanden anzuquatschen!

1

Hi, I'm new here. Do you know a good place to go for a drink?
Hi, ich bin neu hier. Weißt du, wo man hier nett was trinken kann?

Excuse me, you're looking a bit lost. Can I help you?
Entschuldige, du siehst aus, als hättest du dich verlaufen. Kann ich dir helfen?

– **Excuse me, you dropped something.**
  Entschuldige, aber du hast was fallen lassen.
– **What?** Was denn?
– **My jaw.** Meine Kinnlade.

„You dropped my jaw" heißt in diesem Fall, „du siehst so toll aus, dass mir die Kinnlade runterfällt".

– **Excuse me, do you have the time?**
  Entschuldige, kannst du mir sagen, wie viel Uhr es ist? (Wörtl.: Hast du die Zeit?)
– **Do you have the energy?**
  Hast du die Energie?

Das ist ein Wortspiel mit der wörtlichen und der wirklichen Bedeutung von „Do you have the time?". Aber pass auf, der Spruch könnte ziemlich nach hinten losgehen!

Der Zug ist nie abgefahren! Stell einfach viele Fragen. Dein Gegenüber muss dir schließlich antworten!

I see you here every morning / afternoon. Do you work / go to school / live nearby?
Ich seh dich jeden Morgen/Nachmittag hier. Arbeitest du hier in der Nähe?/Gehst du hier zur Schule?/Wohnst du hier in der Nähe?
Zeig ihm oder ihr, dass er/sie dir aufgefallen ist ...

I see you're reading ... Is that a good book?
Mir ist aufgefallen, dass du ... liest. Ist das Buch gut?

Does it say if the Yankees *AE* / Liverpool *BE* won last night?
Steht da drin, ob die Yankees/Liverpool gestern Abend gewonnen haben/hat?
Passt natürlich nur, wenn er oder sie gerade die Zeitung liest. Die Yankees sind ein amerikanisches Baseballteam, Liverpool ist eine englische Fußballmannschaft.

Is this the right bus / train for ...?
Ist das der richtige Bus/Zug nach ...?

1

FACTS Die U-Bahn in Großbritannien nennt man einfach „underground". Auch „tube" hört man recht häufig, vor allem, wenn es um die Londoner U-Bahn geht. In den USA sagt man „subway". In Großbritannien gibt es nur in drei Städten U-Bahnen: in London, in Glasgow und in Newcastle.

Are you getting off here? Me too.
Musst du hier aussteigen? Ich auch.
Vorsicht! Obwohl es an dieser Stelle total unschuldig klingt, kann „to get off" im Britischen auch „rumknutschen" heißen, z. B. „Mike got off with Kate" (Mike hat mit Kate rumgeknutscht.), oder auch „masturbieren".

You're just like a parking ticket – you've got "Fine" written all over you!
Du bist wie ein Strafzettel – auf deinem ganzen Körper steht total heiß/Bußgeld!
Ein Wortspiel mit „fine", das sowohl „total heiß" als auch „Bußgeld" bedeuten kann.

FACTS Öffentliche Verkehrsmittel sind oft ziemlich überfüllt, deshalb kann es leicht mal passieren, dass man sich anrempelt. Praktisch, wenn du jemanden kennen lernen willst, aber ansonsten nicht so toll. Jetzt kannst du bei dem Typen oder dem Mädchen punkten, wenn du weißt, wie man sich in so einer Situation richtig verhält. „Sorry" ist eines der am häufigsten verwendeten Wörter bei den Briten. Es wird ständig gebraucht, egal ob man jemanden schubst oder ob man sich in ein Gespräch einmischt. Man sagt es sogar, wenn man selbst von jemandem angerempelt wird (d. h. beide entschuldigen sich)! Wenn man als Großbritannien-Besucher diese kleinen Höflichkeitsregeln nicht kennt, gilt man schnell als unverschämt und schroff. In den USA geht es nicht ganz so höflich zu: Es kann sein, dass man ein höfliches „Sorry!" zu hören bekommt oder aber mit einem groben „Watch where you're going!" (Pass doch auf, wo du hingehst!) abgekanzelt wird.

1 Heiße Rhythmen ...

... heiße Flirts! Flirten auf dem Konzert? Nichts leichter als das! Unterhaltet euch doch einfach über eure Lieblingsband, und schon habt ihr was gemeinsam.

Do you like these guys? / Do you like him / her?
Stehst du auf die Jungs/die Band?/Stehst du auf ihn/sie?

Das Konzert ist wirklich super? Dann zeig deine Begeisterung so ...

Yeh. They're great.	Ja. Die sind super.
Yes. They are one of my favourites *BE* **/ favorites.** *AE*	Ja. Das ist eine meiner Lieblingsbands.
They rock.	Die gehen voll ab.
I have all their albums.	Ich hab alle Alben von ihnen.
Yeh, they are really cool.	Ja, sie sind echt saucool.

Das Konzert war ein Reinfall? Mach deinem Ärger so Luft ...

No, they're a bit lame.	Nein, sie sind ziemlich lahm.

No, my cat can sing better.	Nein, da singt meine Katze ja besser.
No, they suck.	Nein, sie sind scheiße.
No, they're shit. !	Nein, sie sind scheiße.

Have you heard anything by …? They're a lot like these guys.
Hast du schon mal was von … gehört? Die haben einen ähnlichen Stil wie die Jungs hier.
Wenn du ein Musikfreak bist, darfst du ruhig ein bisschen posen, indem du z. B. einen geilen Newcomer empfiehlst.

What are you doing after the show? / Wanna *AE* **/ want to** *BE* **hang out after the show?**
Was machst du nach dem Konzert?/Hast du Lust, nach dem Konzert noch irgendwohin zu gehen?

You know, you might be asked to leave soon. You're making the other women look really bad.
Könnte sein, dass du hier bald rausgeworfen wirst. Neben dir sehen alle anderen Frauen richtig schlecht aus.
Clevere Taktik: erst schocken, dann ein Kompliment hinterherwerfen. Da ist dir Aufmerksamkeit garantiert, wenn nicht noch mehr …

It's late. Would you like me to walk you home?
Es ist schon spät. Möchtest du, dass ich dich nach Hause begleite?
Altmodische Tugenden haben immer was Romantisches an sich.

Herzklopfen in Klassenzimmer & Pausenhof

Seit Wochen starrst du einem super Girl oder einem süßen Typen hinterher? Sprich ihn oder sie doch einfach mal an …

Hey, I noticed in math *AE* **/ maths** *BE* **/ English (class** *AE***) that you really know your stuff. Do you think you could help me out sometime?**
Hey, mir ist in Mathe/Englisch aufgefallen, dass du's echt drauf hast. Könntest du mir gelegentlich mal Nachhilfe geben?

Who do you have for history?
Wen hast du in Geschichte?

Which class are you in?
In welche Klasse gehst du?

Geometry is so boring! We should sit together so we can pass notes.
Geometrie ist stinklangweilig. Wir müssen uns nebeneinander setzen, damit wir uns Zettel zustecken können.

You're in my bio *AE* **/ biology** *AE, BE* **class, right? Wanna** *AE* **/ want to** *BE* **do a study group for the test next week?**
Du bist mit mir in Bio, oder? Willst du mit mir eine Lerngruppe für die Klausur nächste Woche machen?
Mach einen auf cool und tu so, als würde es dir wirklich nur ums Lernen gehen.

I'll save you a space beside me *BE* **/ a seat** *AE* **in geology if you want?**
Wenn du willst, halte ich dir in Erdkunde einen Platz neben mir frei!

Do you want to meet up in the lunch break? *BE* **/ Wanna meet up during lunch?** *AE*
Treffen wir uns in der Mittagspause?

I really don't get physics. But you're quite good at it. Can you help me out?
Ich blick Physik einfach nicht. Aber du hast's echt drauf. Kannst du mir helfen?

1 Campus-Flirts

Studieren und feiern schließen sich nicht aus … im Gegenteil! Die Uni ist ein super Ort zum Flirten!

Hey, my frat / sorority is having a party tomorrow. You should totally come. *AE*
Hey, meine Verbindung gibt morgen 'ne Party. Du musst unbedingt kommen.
Studenten- und Studentinnenverbindungen sind an vielen amerikanischen Colleges und Universitäten total populär. Die Verbindungen für Jungs heißen „frats" oder „fraternities" und die für Mädels „sororities". Oft haben sie eine lange Geschichte und Tradition, ihre Mitglieder verrichten gemeinnützige Arbeiten, organisieren Bälle und andere Events und schmeißen natürlich die besten Wochenendpartys.

FACTS Amerikanische Studenten sprechen von ihrer Uni oft als „school" oder „college". In Großbritannien sagst du normalerweise einfach „university" oder „uni". Ein „college" kann dort nämlich auch etwas anderes sein, z. B. eine Schule in England oder Wales, die du zwei Jahre lang besuchst und mit dem A-

Level (entspricht dem Abitur) abschließt; eine technische Fachhochschule oder eines der Colleges/Institute, in die manche Unis, z. B. Oxford, unterteilt sind.

Looks like you need a study break. Let's go to the student center *AE* **/ centre** *BE* **/ Union** *BE* **and I'll buy you a coffee.**
Du siehst aus, als könntest du 'ne Pause gebrauchen. Lass uns ins Studentenzentrum gehen, und ich geb dir 'nen Kaffee aus.
Ein „student center" ist ein Treffpunkt für Studenten, normalerweise mit Cafeteria, Mensa und Gemeinschaftsräumen. In Großbritannien gibt's zusätzlich oft noch eine Bar.

Hi, I'm writing a term paper *AE* **/ an essay** *AE, BE* **on the finer things in life, and I was wondering if I could interview you …**
Hi, ich schreibe eine Hausarbeit über die schönen Dinge des Lebens, und ich hab mir gedacht, dass ich dich vielleicht interviewen könnte …
Noch ein Wortspiel mit „fine": „The finer things in life" sind die schönen Dinge des Lebens, und jemand der „fine" ist, ist so richtig heiß.

1

So, do you want to talk, or should we just keep staring at each other across the classroom?
Also, willst du jetzt mit mir reden, oder sollen wir uns nur weiter im Klassenzimmer anstarren?
Fass dir ein Herz, einer muss ja den ersten Schritt machen ...

I missed Professor Green's lecture last week. Can I please borrow your notes?
Ich hab letzte Woche Professor Greens Vorlesung verpasst. Kann ich mir deine Aufzeichnungen ausleihen?
So kommt ihr ins Gespräch, und du kannst sicher sein, dass ihr euch wiederseht.

Can I borrow your library card? Coz I want to check you out!
Kann ich mir deinen Bibliotheksausweis ausleihen? Ich will dich abchecken!

Für Insider In den USA und in Großbritannien ist es völlig okay, wenn die Frau den ersten Schritt macht, vor allem bei den Jüngeren. Die meisten

Typen sind total positiv überrascht, wenn ein Mädchen einen Flirt startet, weil sie sich dann selbst keinen coolen Spruch ausdenken müssen! Trotzdem ist es immer noch meist der Mann, der den ersten Schritt macht, weil viele Girls einfach zu schüchtern sind.

Büroflirt gefällig?

Fast die Hälfte aller Paare lernt sich bei der Arbeit kennen. Hier ein paar alte und neue Sprüche, mit denen du mit deiner Kollegin oder deinem Kollegen ins Gespräch kommst.

Do you need a coffee break as much as I do?

Brauchst du auch so dringend 'ne Kaffeepause wie ich?

Wenn du Glück hast, sagt er oder sie „ja", und ihr könnt gemeinsam Pause machen!

1

Wow, you're always here late. I hope you save some time for fun, too.
Wow, du arbeitest aber immer ziemlich lange. Ich hoffe, du hast trotzdem noch Zeit für ein bisschen Spaß.
Vielleicht braucht er oder sie ja nur einen Grund, um sich mal früher von der Arbeit loszureißen ...

What time do you finish tonight?
Wann hörst du heute Abend auf?

Are you taking the tube *BE* / subway *AE* home? Me too. Let's walk there together.
Fährst du mit der U-Bahn nach Hause? Ich auch. Lass uns doch gemeinsam gehen.

A bunch of us are going out for happy hour, do you want to come?
Ich und ein paar andere Kollegen gehen nach der Arbeit noch zur Happy Hour in eine Bar. Hast du Lust mitzukommen?

FACTS In Großbritannien und den USA geht die Happy Hour in den Kneipen normalerweise werktags von 16 bis 19 Uhr. Während dieser Zeit bekommt man reduzierte Getränke und reduziertes Essen und trifft viele andere Leute, die sich nach einem langen Arbeitstag noch ein bisschen Erholung gönnen. Mit Kollegen zur Happy Hour zu gehen, ist eine super Möglichkeit, sich einmal in einer relaxteren Atmosphäre zu treffen und den Typen oder die Frau, auf den/die du ein Auge geworfen hast, besser kennen zu lernen.

Wenn er oder sie gerade am Kopierer steht, kannst du's auch damit versuchen:

Reproducing huh? Can I help?
Du machst Kopien? Kann ich dir helfen? *oder* Du pflanzt dich fort? Kann ich dir helfen?
Ein Wortspiel mit „reproduce" (= vervielfältigen, z. B. Kopien, oder auch sich vermehren), das ziemlich nach hinten losgehen kann, wenn du den Falschen oder die Falsche erwischt ...

Für Insider Vorsicht! Büroflirts sind in vielen Firmen in Großbritannien und den USA nicht ungefährlich. Bei den Amis kann man sehr schnell eine Klage wegen sexueller Belästigung am Hals haben, wenn der Flirt am Arbeitsplatz nicht von beiden Seiten gewollt ist. Und das kann auch Frauen passieren: Sehr viele Männer haben schon saftige Abfindungen kassiert, weil sie von ihren weiblichen Vorgesetzten sexuell belästigt wurden. Wenn du also den heißen Kollegen/die heiße Kollegin näher kennen lernen willst, sei vorsichtig und geh's langsam an. Du könntest sonst bald ohne Job und ohne Schatz dastehen.

Schräge, dämliche und romantische Anmachsprüche

Hier findest du die altbekannten, beliebten, witzigen, aber megaplatten Baggersprüche, mit denen man wohl nie wirklich Erfolg haben wird.

Don't I know you from somewhere? *AE /*
I recognise you from somewhere. *BE*
Kennen wir uns nicht?
Der Klassiker ... alles andere als originell!

Excuse me, I just noticed you noticing me and I just wanted to give you notice that I noticed you, too.
Entschuldige, mir ist gerade aufgefallen, dass ich dir aufgefallen bin, und ich wollte dir nur mitteilen, dass du mir auch aufgefallen bist.
Passt nur, wenn du sowieso eher der verwirrte Typ bist ...

Are you tired? You've been running through my mind all day. *AE*
Wörtl.: Bist du müde? Du bist mir den ganzen Tag durch den Kopf gegangen.
„Ich hab die ganze Zeit an dich gedacht" – sag's auf die nette, witzige Art.

Und jetzt der Spruch für besonders Coole. So funktioniert's: Geh auf jemanden an der Bar zu, wenn einer von euch Eiswürfel im Glas hat, schnapp dir einen und leg ihn auf die Bar. Zerschlag ihn und sag dann ganz cool:

Now that I've broken the ice, would you like a drink?
Nachdem ich jetzt das Eis gebrochen hab, könnte ich dir doch einen ausgeben, oder?

1

I lost my phone number, can I have yours?
Ich hab meine Telefonnummer verloren. Kann ich deine haben?

Hi, my name is …, how do you like me so far?
Hi, ich heiße …, wie findest du mich bis jetzt?

If I could rewrite the alphabet, I'd put U and I together.
Wenn ich das Alphabet umschreiben könnte, würde ich das „U" zum „I" stellen.
Sprich's „you" und „I", damit das Wortspiel richtig rüberkommt.

I've had a really bad day and it always makes me feel better to see a pretty girl smile. So, would you smile for me? ♀
Ich hatte heute wirklich einen beschissenen Tag, aber es geht mir immer gleich besser, wenn ich eine schöne Frau lächeln sehe. Also, würdest du für mich lächeln?

Do you believe in love at first sight, or should I walk by again?
Glaubst du an Liebe auf den ersten Blick, oder soll ich noch mal vorbeilaufen?

Do you want to come in for a coffee?
Willst du noch auf 'nen Kaffee reinkommen?
Der Klassiker ... funktioniert international!

Would you like to come up and see my etchings? (I've got a thousand and it will take two nights to get through them.) *BE*
Möchtest du mit reinkommen und dir meine Briefmarkensammlung ansehen? (Ich hab tausende, und es wird sicher zwei Nächte dauern, sie alle anzusehen.)
Ein uralter Witz, immer wieder gern zitiert. Sag's in einem ironischen Ton, damit brichst du garantiert das Eis und bringst ihn oder sie zum Lachen. „Etchings" sind übrigens wörtlich Bilder/Radierungen.

Und wenn du's mal mit Romantik versuchen willst:

How does it feel to be the most beautiful girl in this room? ♀
Wie fühlt es sich an, die schönste Frau im Raum zu sein?

Can I have my heart back now please?
Kann ich jetzt bitte mein Herz wiederhaben?

1

Sag ihm/ihr, dass er/sie für dich ein Engel ist:

Did it hurt? When you fell from heaven?
Hat es wehgetan? Als du vom Himmel gefallen bist?

I think I can die happy now, cause I've just seen a piece of heaven.
Ich glaube, jetzt kann ich glücklich sterben. Ich hab nämlich gerade ein Stück vom Himmel gesehen.

Heaven must be missing an angel.
Im Himmel muss ein Engel fehlen.

Unzensiert

Von diesen Anmachsprüchen solltest du lieber die Finger lassen – du riskierst eine Ohrfeige …

Get your coat, love, you've pulled. ♀ ! *BE*
Hol deine Jacke, Kleine, du hast mich rumgekriegt.
Da will wohl einer an ein ungestörtes Plätzchen …

You with those curves, and me with no brakes … ♀
Du mit diesen Kurven und ich ohne Bremsen …
Alles klar …

If I were to ask you for sex, would your answer be the same as the answer to this question?
Wenn ich dich fragen würde, ob du mit mir Sex haben willst, wäre deine Antwort darauf die gleiche, wie deine Antwort auf diese Frage?
Gib ihm oder ihr was zum Denken!

Nice legs! What time do they open? ♀
Schöne Beine! Ab wann sind sie geöffnet?
Ab ins Bett …

Can you catch? You've got two balls coming your way. ♀
Kannst du fangen? Da kommen zwei Bälle auf dich zu.
Nicht gerade die romantischste Art, jemanden anzubaggern! Aber zumindest hast du klargestellt, wie du die Dinge anpackst!

How do you like your eggs in the morning? Fried, scrambled, or fertilized? ♀ 💣
Wie magst du deine Eier am Morgen? Gebraten, gerührt oder befruchtet?

I'm German. Do you have any German in you? Would you like some? ♀ 💣
Ich bin Deutscher. Hast du irgendwas Deutsches in dir? Willst du was Deutsches in dir haben?
Wieder mal ein Wortspiel: „Have a little German in you" bedeutet eigentlich, dass du deutscher Abstammung bist ... oder aber, dass du gerade etwas Deutsches in dir drin hast!

Für Insider Was ist typisch deutsch? Für Amerikaner verkörpert Frau Farbissina aus dem Film „Austin Powers" alles, was man sich so unter einer Deutschen vorstellt – streng, gesetzestreu und kontrolliert, aber auch sehr sexy, wenn sie dann endlich relaxt und gelöst ist. In den Köpfen der Briten hat sich das Bild des großen, blonden Typs à la Claudia Schiffer festgesetzt.

... für Sie und Ihn. Der eine mag's süß, der andere heiß – hier ein paar Sprüche für Charmeure jeden Typs ...

Für den schüchternen Typ ...

You're cute.
Du bist süß.
Manche Leute stehen auf schüchterne Typen oder Mädels ...

I love your laugh.
Ich liebe dein Lächeln.
Zeig ihr oder ihm, dass du noch auf mehr achtest als nur auf das Aussehen.

I like your style.
Ich find deinen Stil toll.
Mit „style" kann man alles meinen, vom Outfit bis hin zur Einstellung. Es ist nur eine andere Art, jemandem zu sagen, dass du ihn oder sie cool findest.

Wow, you're so gorgeous. / You look beautiful.
Wow, du siehst einfach toll aus./Du bist wunderschön.

You have beautiful hair / eyes.
Du hast schöne Haare/Augen.
Schmeicheleien können nie schaden.

Lookin' good!
Du siehst gut aus!

Are you a model?
Bist du Model?
Sag ihr oder ihm ruhig, wie wunderschön du sie oder ihn findest!

Excuse me, I don't want you to think I'm ridiculous or anything, but you're the most beautiful woman I've ever seen. I just felt like I had to tell you. ♀
Entschuldige, ich möchte nicht, dass du mich für verrückt hältst oder so, aber du bist die schönste Frau, die ich je gesehen hab. Ich musste dir das einfach sagen.

You're such a sweetie, you could run Cadbury's *BE* / Hershey's *AE* out of business.
Du bist so süß, du könntest Cadbury's/Hershey's Konkurrenz machen.
Cadbury's ist einer der bekanntesten Schokoladenhersteller Großbritanniens, während Hershey's in den USA sehr populär ist.

Wenn du's eher heiß magst …

Wow, do you work out? ♂
Wow, treibst du viel Sport?
Lass ihn ruhig wissen, dass du seinen tollen Körper bemerkt hast. Jungs, sagt das besser nicht zu Frauen.

Wow, you're smokin' hot. ♀
Wow, du bist wirklich eine klasse Frau.

You're fly. *AE*
Du bist heiß/scharf.

Damn girl, you have more curves than a race track. ♀
Verdammt Süße, du hast mehr Kurven als eine Rennstrecke.

Hey hot stuff!
Hey, du scharfes Teil!

That shirt looks great on you. It would look even better on my floor.
Dieses Shirt steht dir wirklich super. Und noch besser würde es auf meinem Fußboden aussehen.
Mach ihm oder ihr ein Kompliment und mach klar, worauf du es abgesehen hast.

1

Is it hot in here, or is it just you?
Ist es heiß hier drin, oder liegt das nur an dir?
Ein Spiel mit dem Satz „Is it hot in here, or is it just me?" (Ist es heiß hier drin, oder bin das nur ich?)

Those are nice jeans. Can I help you put them on one day?
Deine Jeans sehen super aus. Kann ich dir irgendwann mal beim Anziehen helfen?

Congratulations! You've been voted "Most Beautiful Girl In This Room" and the grand prize is a night with me! ♀
Herzlichen Glückwunsch! Du bist gerade zur schönsten Frau in diesem Raum gewählt worden! Der Hauptpreis ist eine Nacht mit mir!

If I told you you had a beautiful body, would you hold it against me?
Wenn ich dir sagen würde, dass du einen wunderschönen Körper hast, würdest du mir das übel nehmen/würdest du ihn gegen mich halten?
Ein netter Spaß mit dem Satz „to hold a grudge against someone" (jemandem etwas übel nehmen).

Were you arrested earlier? It's got to be illegal to look that good.
Bist du schon mal verhaftet worden? Es muss verboten sein, so gut auszusehen.

FACTS Baggersprüche sind lustig und eine gute Möglichkeit, um mit einer Person ins Gespräch zu kommen, die du nicht kennst. Aber noch besser ist es, wenn du jemanden gleich in einer entspannteren Atmosphäre triffst, so dass du gar keinen besonderen Spruch auf Lager haben musst. In den USA gibt es Singlegruppen, die Treffen und Ausflüge organisieren und somit eine ganz einfache Chance bieten, andere Singles zu treffen und kennen zu lernen.
In Großbritannien sind Singlegruppen auch ziemlich beliebt, aber man hängt es nicht an die große Glocke, wenn man dort hingeht.
Wenn Singletreffs nicht dein Ding sind, meld dich doch zu einem Tanz-, Koch- oder Malkurs an, oder werde Mitglied in einem Sportverein. Das ist die perfekte Gelegenheit, witzige Singles zu treffen, ohne einen einzigen Spruch bringen zu müssen.

1 Anmachsprüche fürs Handy

Auch für Schüchterne geeignet! Wenn du dich nicht traust, es ihm oder ihr persönlich zu sagen, schick doch einfach eine SMS …

Wanna CU baby. [Wanna see you, baby.] *AE*
Ich will dich sehen, Baby.
Sag einfach direkt, was du willst.

Shall I compare U 2 a ~0~'s day? U R mo luvIE & mo temperate. [Shall I compare you to a summer's day? You're more lovely and more temperate.] *BE*
Soll ich dich mit einem Sommertag vergleichen? Du bist schöner und hast mehr zu bieten.
Mach klar, dass du ihn oder sie sowohl intelligent als auch wunderschön findest.

Hot4U [Hot for you.]
Heiß auf dich./Geil auf dich.

RUF2T [Are you free to talk?]
Kannst du reden?

PCM [Please call me!]
Ruf mich bitte an!

Un4gtebl [Unforgettable]
Unvergesslich

Sxy [sexy]
sexy

CUl8er [See you later.]
Bis später.

UR 1 foxy ldy [You're one foxy (hot) lady.] ♀
Du bist eine total scharfe Braut.

I want 2CU n my bd l8r on [I want to see you in my bed later on.]
Ich will dich später in meinem Bett sehen.

Wnt2 plA , sxC ? [Want to play, sexy?]
Lust zu spielen, Süße/Süßer?

Der Cyber-Flirt

Chatten ist eine super Möglichkeit, neue Leute kennen zu lernen. Versuch's doch mal so:

asl? or **a/s/l [age / sex / location]**
Alter/Geschlecht/Wohnort?
Verschwende deine Zeit nicht damit, mit der falschen Person zu chatten!

qt [cutie]
Süße/Süßer

TOY [thinking of you]
Ich denk an dich.

xoxo [hugs and kisses]
Ich drück und küss dich.
X's sind Küsse und O's Umarmungen.

ILYQ [I like you.]
Ich mag dich.

***W* [wink]**
Zwinker
Flirte ruhig ein bisschen ...

URA* [You're a star.]
Du bist ein Held./Du bist super.

wtgp? [Want to go private?]
Lust auf einen privaten Chat?
Lust, einige Zeit ungestört zu quatschen?

Hier findest du ein paar Kürzel für eine Kontaktanzeige:

M / F [male / female]
Mann / Frau

M4F [male for female]
Mann sucht Frau

F4M [female for male]
Frau sucht Mann

SWM / SWF [single white male / single white female]
Single weiß männlich / Single weiß weiblich

SBM / SBF [single black male / single black female]
Single schwarz männlich / Single schwarz weiblich

LTR [long-term relationship]
feste Beziehung

CD / TG [cross dresser / trans-gendered]
Transvestit
Du stehst auf abgedrehtes Zeug? Sag's rechtzeitig!

Für Insider Das World Wide Web ist der Ort der unbegrenzten Möglichkeiten – von einem Date bis hin zu einem Ehemann/einer Ehefrau kannst du dort alles finden. Es gibt reine Dating-Webseiten wie personals.yahoo.co.uk in Großbritannien oder personals.yahoo.com, eharmony.com, Americansingles.com und metrodate.com in den USA. Außerdem gibt es auf vielen Seiten, die sich nicht ums Dating drehen, die Möglichkeit, Kontaktanzeigen zu schalten. Internet-Dating ist mittlerweile so populär, dass es sogar spezielle Webseiten für Singles bestimmter ethnischer Gruppen, z. B. für Latinos, Schwarze, Asiaten, Christen, Juden etc. gibt.

Die richtigen Sprüche zum Abwimmeln

Du fragst dich schon die ganze Zeit, was der Typ oder die Tussi neben dir eigentlich von dir will? Lass dir nichts gefallen und werd ihn oder sie mit folgenden Sprüchen los.

Auf die nette Art

Wenn du eher der „liebe" Typ bist ...

I'm waiting for someone.
Ich warte auf jemanden.
Aber nicht auf dich!

I have a boyfriend / girlfriend.
Ich hab einen Freund/eine Freundin.
Auch wenn's eine Notlüge ist, er oder sie wird kapieren, was Sache ist.

Sorry, I'm in a rush.
Sorry, ich hab's eilig.
Dann aber nichts wie weg!

Perhaps another time?
Vielleicht ein andermal?
So drückst du's auf die nette Art aus und musst nicht direkt „nein" sagen.

You're very nice, but I'm not looking for anybody at the moment.
Du bist sehr nett, aber ich bin momentan nicht auf der Suche nach jemandem.

I'm gay. / I'm straight.
Ich bin schwul./Ich bin hetero.
Wenn gar nichts mehr hilft, LÜG!

You're not my type.
Du bist nicht mein Typ.

1 Auf die harte Art

Er oder sie kapiert einfach nicht, dass du deine Ruhe haben willst? Dann musst du zu anderen Mitteln greifen ...

Love may be blind, but I'm not!
Liebe macht vielleicht blind, aber ich bin es nicht!
Das ist ein Spiel mit dem Ausdruck „Love is blind" (Liebe macht blind).

In your dreams.
Vergiss es!
Beliebt, aber ziemlich hardcore.

Get real!
Träum weiter!
Will sagen, dass er oder sie wohl ein bisschen unrealistisch ist. Aua!

Step off! *AE* **/ Piss off!** *BE*
Verpiss dich!
Nicht gerade nett, aber glasklar. Benutz es bei den höflichen Briten besser nur, wenn ein Typ wirklich hackedicht oder superlästig ist.

Get lost!
Verschwinde!
Ziemlich fies, aber manchmal nötig.

When hell freezes over. / When pigs fly.
Wenn die Hölle einfriert./Wenn Schweine fliegen.
Keins von diesen Dingen wird jemals passieren ... genau wie ihr beide niemals zusammenkommen werdet.

Sorry, I have to go wash my hair.
Sorry, aber ich muss meine Haare waschen.
Eine hammerharte Abfuhr, die jeder verstehen wird. Es ist echt heftig, jemandem zu sagen, dass du lieber nach Hause gehst und dir die Haare wäschst, als mit ihm oder ihr auszugehen.

You're wasting your time!
Du verschwendest deine Zeit!

Get a life. / Oh please!
Wach auf!/Oh bitte!
Die ultimative Abfuhr.

1 Abfuhren fürs Handy

Ein bisschen unpersönlich vielleicht, aber wenn's sein muss ...

Roses r ded Vilets r 2. Im stil Nluv bt nt W U [Roses are dead, violets are too. I'm still in love, but not with you.]
Rosen sind tot, Veilchen auch, ich bin immer noch verliebt, aber nicht in dich.
Wer sagt, dass eine Abfuhr, die sich reimt, weniger wehtut? Das ist eine gemeine Version eines alten Kinderreims „Roses are red, violets are blue, honey is sweet and so are you." (Rosen sind rot, Veilchen sind blau, Honig ist süß, und du auch.)

Welcum 2 dumpsville population = U [Welcome to Dumpsville, population is you.]
Willkommen im Abschiedsland, Einwohner: du.
Autsch!

I wan2 C othR PpL ! [I want to see other people!]
Ich will mich mit anderen Leuten treffen!

Der Typ oder die Tussi wird unverschämt? Hier der richtige Spruch:

G2G [Got to go.]
Ich muss weg.

TTYL [Talk to you later.]
Wir sprechen uns später.
Oder auch nicht ...

FACTS In den USA könnte es dir passieren, dass dir Frauen oder Männer, die kein Interesse an einem Date mit dir haben, statt ihrer eigenen Telefonnummer die einer „Abfuhr-Hotline" geben. Wenn du dort anrufst, wird dir von einer Stimme auf Band mitgeteilt, dass derjenige, von dem du diese Nummer bekommen hast, nicht auf dich steht.

2 Liebe und Romantik

- *Die besten Vorwände für ein zweites Date*
- *Kino, Kuscheln, Kurztrips – romantische Zeitvertreibe für Verliebte*
- *Aphrodisierende Menüs für Sie und Ihn*
- *„Ich liebe dich" – englische Varianten für den schönsten Satz der Welt*

… um sie oder ihn wiederzusehen.

Why don't we meet up so I can lend you that book / movie *AE* / film *BE* we were talking about?
Warum treffen wir uns nicht einfach, dann kann ich dir das Buch/den Film ausleihen, über das/den wir gesprochen haben?
Zeig ihm oder ihr, dass du immer noch interessiert bist UND dass du während eurer Verabredung zugehört hast.

You paid last time, now it's my turn to take you out! ♂
Du hast das letzte Mal bezahlt, jetzt bin ich dran, dich einzuladen!
Normalerweise zahlen bei den Amis die Jungs beim ersten Date. Mit diesem Spruch können Frauen scherzhaft klarstellen, dass sie ihn gelegentlich auch aushalten können. In Großbritannien ist alles verwirrender: Paare können sich entscheiden, „to go Dutch". Das bedeutet, dass sie halbe-halbe machen.

2

Can I see you again soon?
Sehen wir uns bald mal wieder?
Zeig ihm oder ihr, dass du immer noch interessiert bist.

I have tickets for … It should be quite good. Would you like to come with me?
Ich hab Karten für … Das wird bestimmt gut. Hast du Lust mitzukommen?

(Film *BE* / Movie *AE*) … is coming out soon. Shall we go and see it together?
Der Film … wird bald anlaufen. Sollen wir ihn uns gemeinsam ansehen?

The next time you're in Cardiff *BE* / the city *AE*, be sure to look me up. Here's my number.
Wenn du das nächste Mal in Cardiff/der Stadt bist, denk dran, bei mir vorbeizuschauen. Hier hast du meine Nummer.

Let's meet up for a coffee next week?
Wollen wir uns nächste Woche auf einen Kaffee treffen?

It's cold. Would you like to borrow my coat? ♀
Es ist kalt. Möchtest du dir meinen Mantel ausleihen?
Zeig, was für ein aufmerksamer Gentleman du bist. Außerdem ist damit gleich das nächste Date sicher, denn sie wird ihn ja hoffentlich zurückgeben ...

I'm having a party / a few friends round *BE* / over *AE* next week. Would you like to come?
Ich geb nächste Woche eine Party./Nächste Woche kommen ein paar Leute zu mir. Hast du Lust zu kommen?

FACTS Wenn deine Freunde deinen neuen Schatz nicht mögen, kann es sein, dass sie dir vorwerfen, dass du ihn oder sie durch eine rosarote Brille siehst. Das heißt auf Englisch „to see through rose coloured *BE* / colored *AE* glasses". Dieser Ausdruck kann auch ganz allgemein verwendet werden, um zu sagen, dass jemand die Welt und alles um ihn herum unrealistisch und naiv betrachtet.
Wenn einmal ein bisschen Zeit vergangen ist und du feststellst, dass er oder sie doch nicht ganz so perfekt ist, sondern in Wirklichkeit vielleicht ein

notorischer Fremdgeher, kannst du sagen „I've seen the light" (Ich seh jetzt klar.), d. h. dass du jetzt gemerkt hast, wie die andere Person wirklich drauf ist und warum dich deine Freunde gewarnt haben.

Romantische Zeitvertreibe

Schmetterlinge im Bauch und so viele wunderschöne Dinge, die man zusammen tun kann! So sagst du's auf Englisch:

Can I make you breakfast in bed?
Soll ich dir das Frühstück ans Bett bringen?

Wanna *AE* **/ Want to** *BE* **go for a walk on the beach?**
Hast du Lust auf einen Strandspaziergang?

I packed us a picnic lunch. *AE* **/ I packed a picnic for us.** *BE*
Ich hab uns ein Picknick gemacht.

Let's go watch the sunset together.
Lass uns gemeinsam den Sonnenuntergang ansehen.

Would you like to go to a concert with me?
Hättest du Lust, mit mir zu einem Konzert zu gehen?

Fancy going for a walk *BE* / Would you like to take a walk *AE* together next Saturday?
Hast du Lust, nächsten Samstag mit mir spazieren zu gehen?

Wouldn't it be nice to go away for the weekend somewhere?
Wäre es nicht schön, übers Wochenende irgendwo hinzufahren?

Für Insider In Großbritannien und den USA ist für viele Stadtmenschen „the country" das perfekte Ziel für einen romantischen Wochenendausflug. Sie übernachten in einer rustikalen Pension, wandern, gehen im See schwimmen, blicken in den Sternenhimmel, lassen einfach den täglichen Stress hinter sich und genießen die Zeit zu zweit. Andere beliebte romantische Urlaubsziele in den USA sind Hawai, Las Vegas und die Weinberge in Kalifornien oder im Staat New York. Für die Briten sind Paris und Venedig immer noch die Reiseziele, die Romantik pur versprechen.

2

Do you want to come round to *BE* / to come by *AE* my place and watch a DVD together?
Willst du zu mir kommen und eine DVD ansehen?
Natürlich nur, wenn du alleine wohnst oder gerade sturmfreie Bude hast ...

How about coming round *BE* / by *AE* on Friday night and I'll cook something for us?
Was hältst du davon, am Freitag Abend zu mir zu kommen, und ich koche uns was?
Zeig, dass er oder sie etwas so Besonderes ist, dass sich die Zeit und der Aufwand lohnt.

There's a good exhibition on at the Tate Modern. Do you fancy going and seeing it together? *BE* / There's a good exhibition at the Met. Would you like to go together? *AE*
Im Tate Modern/Metropolitan Museum of Art zeigen sie eine gute Ausstellung. Hast du Lust, mit mir hinzugehen und sie anzusehen?

Für Insider Man sagt, dass der Weg zum Herzen eines Mannes (oder einer Frau) durch den Magen führt, aber wie kommt man in sein oder ihr Bett? Wenn du die richtigen Sachen auftischst, kann gutes Essen durchaus zu mehr Fun im Schlafzimmer verhelfen. Als bekanntestes Aphrodisiakum gelten in den USA und Großbritannien Austern. Sie sollen das sexuelle Verlangen von Mann und Frau steigern und die Ausdauer im Bett verbessern, was möglicherweise daran liegt, dass sie extrem viel Zink enthalten, das ganz wichtig für die Produktion von gesundem Sperma und allgemein für die Fruchtbarkeit ist. Andere Lebensmittel, mit denen du deinen Süßen oder deine Süße in Stimmung bringst, sind Pinienkerne, Kräuter und Gewürze, wie Basilikum, Knoblauch oder Vanille, und sogar Obst und Gemüse, wie Erdbeeren, Avocados und Spargel. In Indien sagt man von Kokosnüssen, dass sie die Qualität und Quantität des Spermas steigern.

2 Menü für SIE

Willst du deine Süße oder zukünftige Freundin mit einem schönen, romantischen Essen verzaubern? Wenn du ihr die richtigen Sachen vorsetzt, fällt sie garantiert direkt in deine Arme …

Appetizer: Bread, cheese and olives
Vorspeise: Brot, Käse und Oliven
Oliven sind super als Vorspeise: Sie sind salzig, und deswegen spült man am besten gleich mit ein paar Schlückchen Wein nach. Ein weiterer Pluspunkt ist, dass ihr euch gegenseitig damit füttern könnt.

Entrée *AE* / Main Course *BE*: Pasta with pesto
Hauptgang: Pasta mit Pesto
Pesto besteht aus Knoblauch, Basilikum und Pinienkernen … die perfekte Kombi verschiedener Aphrodisiaka für eine lange Nacht voller Spaß.

Dessert: Chocolate covered strawberries, or fresh fruit with ice cream or whipped cream.
Dessert: Schokoladenüberzogene Erdbeeren oder frisches Obst mit Eis oder Sahne.
Frauen lieben Obst als Nachspeise. Das gibt ihnen das Gefühl, etwas Gesundes zu essen! Außerdem kannst du für romantische Stimmung sorgen, indem du sie damit fütterst.

Menü für IHN

Wenn du für deinen Süßen kochen oder deinen heimlichen Schwarm rumkriegen willst, musst du ihm Sachen vorsetzen, auf die ER steht, und nicht du. Hier sind Gerichte, für die er sich garantiert in dich verlieben wird.

Appetizer: Buffalo wings or mini pizzas
Vorspeise: Buffalo Wings oder Minipizzas
Nicht sehr ausgefallen, aber alles, was ihr mit den Händen essen könnt, ist sexy ... vor allem, wenn es ein bisschen schmierig ist.

Entrée *AE* / Main Course *BE*: Steak
Hauptgang: Steak
Brate ihm ein schönes saftiges Steak, um ihm zu zeigen, dass du so auf ihn abfährst, dass du ihm das kochst, worauf er steht.

Dessert: Instead of dessert, pour a snifter of port wine, Gran Mariner, or brandy.
Nachspeise: Schenk ihm anstatt eines Desserts ein Gläschen Portwein, Gran Mariner oder Brandy ein.
So bringst du ihn in romantische Stimmung ...

2 Ein bisschen turteln

Hier findest du ein paar englische Kosenamen, die du an deiner neuen Flamme testen kannst:

Gimmee a kiss, ...	Küss mich, ...
baby / babe.	Baby.
sweetie.	Süße. Muss in Großbritannien mit hochgestochenem englischem Akzent gesagt werden. Kosenamen heißen auf Englisch „sweet nothings" (= Zärtlichkeiten).
my love.	mein Liebes/ mein Liebling.
honey / hunny bunch.	Liebling/Schatz.
dear.	Liebling/Schatz.
sweetums. *BE*	Schatzi.
gorgeous.	Schöne/Süße.
sexpot. *BE*	Sexbombe.
boo. ♀ *AE*	Schatz.

Du magst vielleicht den Eindruck haben, dass er oder sie sich Hals über Kopf in dich verliebt hat, aber Achtung! In Großbritannien gibt es den Ausdruck „cupboard love" (Wörtl.: Schrank-Liebe), den man benutzt, wenn eine total egoistische Person ihrem Partner Liebe oder Zuneigung nur vorheuchelt. Ursprünglich bezeichnete man so das plötzlich brave Verhalten von Kindern, die etwas aus dem Süßigkeitenschrank wollten.

Ich liebe dich

… und wie du es sonst noch ausdrücken kannst!

I've fallen for you.
Ich hab mich in dich verliebt.

I love you.
Ich liebe dich.
Kurz, süß und simpel, aber immer noch drei sehr bedeutende Worte.

I'm madly in love with you.
Ich bin wahnsinnig in dich verliebt.
Wenn „Ich liebe dich" noch nicht genug ist …

2

You're the light of my life.
Du bist das Licht meines Lebens.
Sei poetisch und erzähl deinem Schatz, was du empfindest.

You've stolen my heart.
Du hast mein Herz gestohlen.
Natürlich willst du es nicht zurückhaben ...

I'm head over heels / I've fallen head over heels in love with you.
Ich habe mich Hals über Kopf in dich verliebt./
Ich habe mich total in dich verliebt.

I can't imagine life without you.
Ich kann mir ein Leben ohne dich nicht mehr vorstellen.

You complete me.
Du vervollständigst mich.
Unvergesslich geworden durch den Film „Jerry Maguire".

You're my dream woman. ♀
Du bist meine Traumfrau.

You're my knight in shining armour ♂ *BE* / **armor.** ♂ *AE*
Du bist mein Märchenprinz.

Dich hat's so richtig erwischt, und du willst, dass aus der Sache was Ernstes wird? Hier die nötigen Sprüche, um „Nägel mit Köpfen" zu machen:

Why don't you come to the game *AE* **/match** *BE* **/ party with me?**
Hättest du Lust, mit mir zu dem Spiel/der Party zu gehen?
Klingt nicht gerade außergewöhnlich, aber dein Date zu einem Treffen mit Freunden mitzubringen, bedeutet schon was!

Will you be my boyfriend / girlfriend?
Willst du mit mir zusammen sein?/Willst du mein Freund/meine Freundin sein?
In Großbritannien ist es ein bisschen komplizierter. Man spricht die Sachen nicht direkt aus, sondern du musst irgendwie erahnen, wann es zwischen euch ernster geworden ist.

I want you to meet my parents.
Ich möchte dich meinen Eltern vorstellen.
Da die meisten Leute in Großbritannien und den USA von zu Hause ausziehen, sobald sie die Schule abgeschlossen haben, ist es eine große Sache, jemanden seinen Eltern vorzustellen.

2

Will you move in with me?
Willst du mit mir zusammenziehen?

I think we should live together.
Ich denke, wir sollten zusammenleben.

I want to spend the rest of my life with you.
Ich möchte den Rest meines Lebens mit dir verbringen.
Mit anderen Worten „Ich möchte dich heiraten".

Will you make me the happiest man / woman in the world?
Willst du mich zum glücklichsten Mann/zur glücklichsten Frau der Welt machen?
Ein Satz, dem nur eines folgen kann: ein Heiratsantrag!

Will you marry me?
Willst du mich heiraten?

Will you do me the honour *BE* / honor *AE* of accepting my hand in marriage?
Darf ich um deine Hand anhalten?

You're the one.
Du bist die eine/der eine (für mich).

FACTS In Großbritannien gehen Witze über Hochzeiten und Gretna Green Hand in Hand. Gretna Green ist ein kleines schottisches Dorf an der Grenze zu England. Früher flüchteten Minderjährige von England dorthin, da sie an diesem Ort legal – ohne Einwilligung der Eltern, eine Genehmigung oder Priester – heiraten konnten. Das ist mittlerweile Vergangenheit, aber es gibt auch heute noch Unterschiede zwischen den Gesetzen in England und Schottland. In England muss eine Ehe, um rechtsgültig zu sein, vor einem Standesbeamten geschlossen werden, ein Pastor oder Priester reicht nicht aus. In Schottland haben Pastoren oder Priester das Recht, eine Ehe offiziell zu machen.

3 Sex und andere Abenteuer

- *Die nackte Wahrheit über Körperteile*
- *Let's talk about sex!*
- *Verhütung und alles, was dazugehört*

Anatomiekurs 3

Du fühlst dich in englischen Betten völlig hilflos? Dann pass jetzt gut auf …

Unzensiert

Hier findest du die Körperteile, über die du wirklich sprechen willst.

Die Herrenabteilung …

family jewels	Genitalien (Wörtl.: Familienjuwelen)
lunchbox *BE*	Genitalien (Wörtl.: Brotzeit-Box) Das sagt man, wenn jemand so enge Hosen trägt, dass sich die Geschlechtsteile abzeichnen.
penis	Penis
shlong *AE*	Schwanz
dick	Schwanz
cock	Schwanz
willie ! *AE*	Schwanz In Großbritannien wird „willie" nur von Kindern benutzt.
testicles	Hoden

balls	Eier
nuts	Eier
foreskin	Vorhaut

Unisex …

ass *AE* **/ arse** *BE*	Hintern/Arsch
bum	Hintern/Arsch
butt *AE*	Hintern/Arsch
behind	Hintern
rear	Hintern
anus	After
genitalia	Genitalien
pubic hair	Schamhaare
pubes	Schamhaare
thatch	Schamhaare
privates / private parts	Geschlechtsteile und Brüste

Die Damenabteilung …

breasts	Brüste/Busen
tits	Titten
knockers	Titten (Wörtl.: Türklopfer)
hooters *AE*	Hupen
jugs	Titten (Wörtl.: Krüge)
boobs	Titten

puppies 💣 *BE*	Möpse
melons 💣	Titten
eggcups *BE*	zwei Mückenstiche/kleine Brüste
nipples	Brustwarzen
vagina	Vagina
pussy 💣	Muschi
cunt 💣	Fotze
vulva	Vulva
labia	Schamlippen
clitoris	Klitoris
bush ♀	Schamhaare

Es gibt auch sehr viele Begriffe, mit denen man jemanden beschreiben kann, der nackt ist:

He / she was …	Er/Sie war …
starkers. *BE*	splitternackt.
dressed just in his birthday suit.	nur in seinem Adamskostüm/in ihrem Evakostüm.
in the nuddy. *BE*	total nackt.
buck naked *AE* **/ butt naked.** *AE, BE*	völlig nackt.

3 Es geht heiß her

Der Spaß hat keine Grenzen – von kalten Küsschen bis zu heißem Sex.

Give me a smooch.
Gib mir ein Bussi.
Wer so bittet, kriegt zur Belohnung wahrscheinlich eher einen Lacher oder einen Klaps.

We made out. *AE*
Wir haben rumgeknutscht.

They got off with each other. *BE*
Sie haben rumgeknutscht.

He kisses like a washing machine. / He kisses like a wet fish.
Er küsst wie eine Waschmaschine/wie ein nasser Fisch.
Ups, eine sehr feuchte Kusstechnik ... da hilft nur üben!

FACTS In Großbritannien fragt man nicht, ob man jemanden küssen darf. Wenn die Zeit gekommen ist, tut man's einfach. Die Amis sind da vorsichtiger. In den USA solltest du also deine Zunge lieber im Zaum halten, wenn du nicht sicher bist, was deine Flamme will.

He fished for my tonsils. *BE*
Er hat mit mir rumgeknutscht. (Wörtl.: Er hat nach meinen Mandeln geangelt.)
So kannst du Zungenküsse der unangenehmen Sorte beschreiben ...

There was a bit of tonsil action / tonsil hockey going on.
Wir haben rumgeknutscht. (Wörtl.: Wir haben Mandel-Hockey gespielt.)
Erzähl so von einem wirklich guten Zungenkuss ... aber immer dabei lächeln.

She gave me a love bite.
Sie hat mir einen Knutschfleck verpasst.
Pass auf, wo du jemandem einen Knutschfleck machst – oft gilt so was als kitschig und uncool.

I'm horny, baby.
Ich bin total spitz/geil, Baby.

Do me.
Besorg's mir.

Je nachdem, mit wem du in Amerika und Großbritannien über Sex redest, wirst du die unterschiedlichsten Sachen hören. Viele junge Männer und Frauen finden es völlig in Ordnung, Sex mit jemandem zu haben, den sie gerade erst kennen gelernt haben. Manche Leute gehen überhaupt nur aus diesem Grund in Kneipen und Clubs. Andererseits gibt es auch viele Teenies, die sich (aus religiösen oder anderen Gründen) dazu entschieden haben, solange auf Sex zu verzichten, bis sie älter oder verheiratet sind.

Wie du einem aufdringlichen Typen (oder einer Tussi) klar machst, dass du keinen Bock auf Sex hast:

I'm saving myself (for marriage / for the right guy / girl).
Ich spare mich auf (bis ich heirate/für den Richtigen/für die Richtige).

I decided to wait (for marriage / for the right guy / girl).
Ich hab mich entschlossen, zu warten (bis ich heirate/auf den Richtigen/die Richtige).

Was, wenn du dich NICHT „aufsparen" willst? So kannst du der Person, die du gerade anquatschst, zeigen, dass du bereit für mehr bist:

My place, or yours?
Zu mir oder zu dir?
Der Klassiker. Direkt und auf den Punkt gebracht.

I think we both know where this is going …
Ich glaube, wir wissen beide, wohin das führt …
Hoffentlich denkt ihr wirklich beide das Gleiche, sonst kann's ein bisschen peinlich werden.

How 'bout we cut to the chase?
Wie wäre es, wenn wir zur Sache kommen?

Das erste Mal

Sag's lieber gleich am Anfang …

I've never done this before.
Ich hab's noch nie getan.

I haven't got much experience.
Ich hab nicht viel Erfahrung.
Das heißt wahrscheinlich, dass er oder sie gar keine hat …

It's my first time.
Es ist mein erstes Mal.

You're my first.
Du bist der Erste/die Erste für mich.

I've still got my v-card. *AE*
Ich bin noch Jungfrau.

You popped my cherry.
Du hast mich entjungfert./An dich habe ich meine Unschuld verloren.
Die „cherry" (wörtl.: Kirsche) ist die Jungfräulichkeit – sowohl beim Mann als auch bei der Frau.

Wir haben es getan

Auch auf Englisch gibt es tausend Wörter für die schönste Nebensache der Welt. Man muss sie nur kennen …

We did it.
Wir haben es getan.
Jeder weiß, was „es" ist!

We made love.
Wir haben uns geliebt.
Sehr intim und vertraut. In Großbritannien als Ausdruck eher out.

We slept together.
Wir haben miteinander geschlafen.
War wohl eher eine schlaflose Nacht …

We spent the night together.
Wir haben die Nacht zusammen verbracht.
Klingt harmlos … aber wir wissen trotzdem, was ihr getan habt!

We hooked up. *AE* **/ We shacked up.** *BE*
Wir haben miteinander rumgemacht.
Aha, und was haben sie da wohl gemacht? Lies am besten die Facts gleich unten, wenn du ein bisschen Insiderwissen zu diesen Wörtern willst.

FACTS Wenn du mit Amis über Sex redest, wirst du wahrscheinlich irgendwann den Satz „they hooked up" hören. Das kann eigentlich alles heißen – von Knutschen über Fummeln bis Sex haben. Sag also lieber genau, was du meinst, es könnte sonst die falsche Info rüberkommen … „They shacked up" ist die britische Variante dazu, allerdings verbinden die meisten älteren Leute dort das Wort noch mit Sex.

3

I went home with him.
Ich bin mit ihm nach Hause gegangen.
Und was war dann ...?

Tom pulled last night. ***BE*** **/ Tom scored last night.** ***AE, BE***
Tom hat gestern Nacht rumgeknutscht/hatte gestern Nacht Sex.
Du willst wissen, was „pull" nun wirklich heißt? Dann lies die Facts gleich unten. „Score" ist eindeutiger als „pull". Hier ist klar: Es gab Sex.

FACTS Das Wort „to pull" sorgt bei den Brits immer für Verwirrung. In Schottland heißt „to pull" jemanden küssen; ob's danach noch weitergeht, bleibt offen. Wer aber in England sagt „I pulled", der hatte ganz klar Sex. Und wenn Jungs am Wochenende sagen „we're going out on the pull", dann suchen sie jemanden zum Knutschen ... oder auch für mehr.

Und jetzt geht's zur Sache. „We made love" klingt ja ganz süß, aber manchmal darf's auch ein bisschen ordinärer sein.

We ... Wir haben gefickt/gepoppt/gebumst.

fucked. 💣.

„Fuck" kann sonst alles Mögliche bedeuten, aber hier ist ziemlich klar, was ihr getan habt ...

screwed. 💣

Total vulgär. Aber Vorsicht! „He screwed me" kann auch heißen „er hat mich ausgenutzt/reingeritten" ... denk also nicht nur an Sex!

banged. 💣 *AE*

Sicher nicht das richtige Wort für romantische Stunden mit deinem Freund oder deiner Freundin!

shagged. 💣 *BE*

Vorsicht! Diese Wörter sind echt vulgär! Wenn du lieber auf Nummer sicher gehen willst, dann bleib bei „we made love".

3 Wie war es?

Was du währenddessen und danach sagen kannst ...

Es ist/war noch besser als du gedacht hast?

You rocked my world, baby.
Baby, du hast's echt drauf.
Sag, was du WIRKLICH denkst!

Wow, that was hot.
Wow, das war echt heiß.

You're the best I've ever had.
Das war der beste Sex meines Lebens.
Auch wenn's nicht ganz der Wahrheit entspricht ... Komplimente haben noch niemandem geschadet.

Damn you're good!
Wow, du bist verdammt geil!

Schade, die Nacht war wohl doch nicht der Traum. So kannst du deinen Frust ablassen:

That's ok, it happens to everyone. ♂
Schon okay, das kann ja jedem mal passieren.
Der Standardspruch, wenn ein Typ mal keinen hoch bekommt ... was natürlich absolut NICHT okay ist!!

Sorry, you just don't have what it takes.
Sorry, aber du hast einfach nicht das, worauf es mir ankommt.
Im Klartext: Du kannst mich einfach nicht befriedigen ...

Unzensiert

Nachdem du deinem Partner gesagt hast, wie er war, kannst du's mit diesen hammerkrassen Worten deinen Freunden erzählen.

Shawn is ...	Shawn ...
good in bed.	ist gut im Bett.
a great lay.	hat's voll drauf.
an animal.	ist ein Tiger im Bett.
a machine.	geht voll ab.
really big / well-endowed.	ist wirklich gut gebaut.
teeny / short.	hat 'nen kleinen Schwanz.

Karen is ...	Karen ...
awesome.	ist super im Bett.
totally wild.	geht total ab/hat's voll drauf.
really flexible.	steht auf Abwechslung.
a boring lay.	ist langweilig im Bett.
way too kinky.	ist viel zu abartig/pervers.

Kleine Schweinereien

Von sexy bis pervers – Lust auf ein Abenteuer?

I bought some lingerie.
Ich hab mir Dessous gekauft.

She's adventurous.
Sie mag Abwechslung im Bett.

We love to watch porn.
Wir gucken gern Pornos.

He / She likes threesomes. *AE, BE* **/ He / She likes three-ways.** *AE*
Er/Sie steht auf flotte Dreier.

She's into toys.
Sie steht auf Sexspielzeug.

Safer Sex

Vorsicht! Wenn du die anderen Wörter aus diesem Kapitel benutzen willst, solltest du besser auch diese kennen ...

Do you have a condom. *AE, BE* **/ Do you have a rubber?** *AE*
Hast du ein Kondom/einen Gummi?
In Großbritannien ist ein „rubber" ein Radiergummi, kein Kondom. Brits passieren deshalb oft peinliche Verwechslungen, wenn sie in den USA sind.

Are you on the pill?
Nimmst du die Pille?

Are you on the patch? *AE*
Benutzt du ein Hormonpflaster?

Wait! I'll put in my diaphragm.
Warte! Ich setz mein Diaphragma ein.

You better use protection!
Du solltest lieber verhüten!
Kann sich auf alle oben genannten Verhütungsmittel beziehen ...

Für Insider

Aids ist immer noch ein aktuelles Thema in Großbritannien und den USA, vor allem in homosexuellen Kreisen – aber es ist nicht mehr so im Licht der Öffentlichkeit wie in den achtziger Jahren. Der Gebrauch von Kondomen ist in den USA stark angestiegen, da sie mittlerweile von vielen Leuten als ein wirkungsvoller Schutz gegen Aids anerkannt werden. In Großbritannien verstärkt die Regierung gerade ihre Aufklärungsarbeit, nachdem Geschlechtskrankheiten und Aids wieder häufiger auftreten (Eigentlich hatten die Kampagnen in den achtziger Jahren dort zu einem Rückgang von sexuell übertragbaren Krankheiten geführt.).

Sexuell übertragbare Krankheiten

Ups. Mach dich lieber vorher kundig …

She has a S.T.D. / V.D.
Sie hat eine sexuell übertragbare Krankheit/ Geschlechtskrankheit.
S.T.D. = sexually transmitted disease, V.D. = venereal disease.

Did she give it to you?
Hat sie dich angesteckt?

That girl is totally skanky *AE* **/ dirty.** *AE* **/**
That girl is a mink! *BE*
Die Tussi ist eine Drecksschlampe!
„Dirty" bedeutet in Großbritannien pervers und hat nichts mit Geschlechtskrankheiten zu tun. „Mink" kann auch eklig heißen und wird ziemlich häufig benutzt.

John's gotta have something, he totally sleeps around / gets around.
John hat garantiert irgendwas, der geht echt mit jeder ins Bett.

Have you been tested?
Hast du dich testen lassen?

He caught …	Er hat sich … geholt.
herpes.	Genitalherpes
gonorrhea.	Tripper
syphilis.	Syphilis
aids.	Aids

Für Insider

Amerikanische Teenies haben oft während der High-School-Zeit (mit 12 bis 18 Jahren) oder auch schon vorher zum ersten Mal Sex. Wegen sexuell übertragbarer Krankheiten und Teenie-Schwangerschaften wird zurzeit heiß über das Thema diskutiert. Mittlerweile gibt es immer mehr Zeitschriften, Filme und Werbespots, die zur Enthaltsamkeit aufrufen. Teenie-Idole gehen in der umstrittenen „Abstinence Only"-Bewegung („Nur-Enthaltsamkeit-Bewegung") mit gutem Beispiel voran.
In Großbritannien darf man offiziell ab 16 Jahren Sex haben. Dem „urban myth" (Gerüchten) zufolge geht es bei britischen Teenies heiß her. Tatsächlich bleiben aber die meisten Jungfrau, zumindest bis sie (mit 18) zur Uni gehen.

Unfälle und Pannen

Ups! Das kann wohl jedem passieren …

Oh shit, the condom broke!
Scheiße, das Kondom ist gerissen!

Annie had to take the morning-after pill last weekend.
Annie musste letztes Wochenende die „Pille danach" nehmen.

I forgot to take my pill, you'd better use a condom!
Ich hab vergessen, die Pille zu nehmen. Du solltest lieber ein Kondom benutzen.

I have to go pick up an EPT / a First Response. *AE*
Ich muss einen Schwangerschaftstest kaufen gehen.
EPT und First Response sind zwei bekannte Marken von Schwangerschaftstests in den USA.

I have to go and buy a pregnancy test.
Ich muss mir einen Schwangerschaftstest besorgen.

We need to take a paternity test.
Wir müssen einen Vaterschaftstest machen.

She looks like she's got a bun in the oven.
Sie sieht aus, als hätte sie einen Braten im Ofen. (Wörtl.: Sie sieht aus, als hätte sie ein Brötchen im Ofen.)

3

I heard John's girlfriend is expecting.
Johns Freundin erwartet angeblich ein Kind.

Für Insider In den USA wird im Moment heiß über die „Pille danach" diskutiert. Viele Leute wollen, dass diese Pille zukünftig rezeptfrei zu bekommen ist. Aber nachdem das Thema immer häufiger in Diskussionen über Moral und Abtreibung zur Sprache kommt, machen sich die Gesetzgeber Sorgen über die Auswirkungen, die durch einen rezeptfreien Verkauf entstehen könnten, vor allem bei Jugendlichen unter 18 Jahren.
In Großbritannien wird die „Pille danach" (auch bekannt als „emergency contraception" (EC) oder „post-coital pill" (PCP)) ohne Rezept in vielen Apotheken verkauft. Jede Apotheke kann selbst entscheiden, ob sie die Pille einfach so verkaufen will oder nicht. Sie wird auch nicht als Medikament zur Abtreibung angesehen, sondern als Verhütungsmittel. Der Spaß kann aber ziemlich teuer werden – die „Pille danach" kostet nämlich ungefähr 25 Pfund.

Die alternative Szene

4

- *Die richtigen Wörter für Schwule und Lesben*
- *Ein bisschen bi schadet nie.*
- *Szene-Locations*

4 Ist er oder sie homo?

Auch im Englischen gibt es zahlreiche Wörter für den alternativen Lebensstil.

Is he / she ...	Ist er/sie ...
gay? ♂ ♀	schwul/homosexuell?
queer? ♂ ♀	queer/schwul/homosexuell?
a lesbian? ♀	lesbisch?

Jeff's straight, he only dates women. *AE* /
Jeff's straight, he only sees women. *BE*
Jeff ist straight/ein Hete, er hat nur Dates mit Frauen.

Lucy came to the party with her partner.
Lucy ist mit ihrer Lebensgefährtin zur Party gekommen.
Immer mehr Leute benutzen das Wort „partner", wenn sie von ihrem Liebhaber sprechen, mit dem sie eine nicht-eheliche Beziehung führen, egal ob schwul oder hetero.

FACTS In der homosexuellen Szene in Amerika und Großbritannien ist „the closet" (*AE*, der Schrank) mehr als nur ein Platz für Klamotten. Wer „in the closet" ist, versteckt seine sexuelle Orientierung vor anderen, er ist – auf gut Gaydeutsch gesagt – ein „Schrankschwuler". „To come out of the closet" oder einfach „to come out" heißt, sich zu seiner Homosexualität bekennen. Wenn jemand anders verrät, dass ein Typ homo ist, dann sagt man „he outed him".

No, she's not gay, she's just a fag hag.
Nein, sie ist nicht lesbisch, sie hängt nur gern mit Schwulen ab. (Wörtl.: Sie ist eine Schwulenfreundin.)
Wie so oft, kann das völlig unschuldig klingen, aber auch megaverletzend sein, je nachdem, zu wem und wie du es sagst. So ziemlich alles, was das Wort „fag" beinhaltet, kann als endbeleidigend rüberkommen, wenn es im falschen Kontext gebraucht wird.

Yeah, Suzy and Tom are married, but I think she's just his cover.
Ja, Suzy und Tom sind verheiratet, aber ich glaube, es ist nur eine Scheinehe.

Die Homo-Ehe ist ein großes Thema in den USA. In einzelnen Staaten wurden gleichgeschlechtliche Verbindungen genehmigt. Sowohl in den Gerichtssälen als auch im Repräsentantenhaus und im Senat wurde heiß über das Thema diskutiert. New York, Massachusetts und Kalifornien sind die drei führenden Staaten in der Debatte um gleichgeschlechtliche Ehen.
Seit Dezember 2005 haben gleichgeschlechtliche Paare in Großbritannien die Möglichkeit, ihre Beziehung nach dem „Civil Partnership Act" offiziell zu machen. Dieses Gesetz erlaubt Paaren, ein offizielles Dokument in Anwesenheit eines Standesbeamten und zweier Zeugen zu unterzeichnen, und obwohl es nicht „gay marriage" (Homo-Ehe) heißen darf, ähnelt es stark einem Ehebündnis. Die Partner können sich also auch wieder scheiden lassen. Zivilrechtliche Partnerschaften garantieren Homosexuellen z. B. im Krankenhaus die Rechte eines nahen Verwandten und geben ihnen dieselben steuerlichen Vorteile wie einem heterosexuellen Ehepaar. Gleichgeschlechtliche Paare können in Großbritannien auch Kinder adoptieren, egal ob sie verheiratet sind oder nicht.

Lieber bi als nie – so spricht man auf Englisch darüber.

She's bi.
Sie ist bi.

I heard that Mike swings both ways.
Mike kennt angeblich beide Ufer.
(Wörtl.: Mike schaukelt in beide Richtungen.)

Jessica plays for both teams.
Jessica kennt beide Ufer.
(Wörtl.: Jessica spielt für beide Mannschaften.)

FACTS Sei nicht überrascht, wenn du in den USA und Großbritannien eine Menge Dinge hörst, die mit dem Wort „gay" beschrieben werden und absolut nichts mit sexuellen Vorlieben zu tun haben. Es ist das neue In-Wort, das Teenies benutzen, um von etwas zu reden, dass sie total daneben finden. Du könntest z. B. hören „that movie was totally gay" (der Film war total daneben), „this song is so gay" (der Song ist so daneben) usw. Viele Leute sind darüber ziemlich sauer, weil es gegenüber Schwulen und Lesben beleidigend ist, aber du wirst „gay" trotzdem oft hören, wenn du mit jungen Leuten rumhängst. Wenn du mit gutem Beispiel vorangehen willst, sag statt „gay“ lieber „weak“ oder „lame“.

Mike's parents are homophobes.
Mike's Eltern sind homophob./Mikes Eltern mögen keine Homos.

All our friends are homophiles. *BE*
Alle unsere Freunde sind homophil.

Locations der Homoszene

Noch ein paar Begriffe, die du kennen solltest, wenn du in der Homoszene unterwegs bist ...

We're going to a circuit party.
Wir gehen zu einer Schwulenparty.
„Circuit parties" sind verrückte Partys für Schwule, die auf der ganzen Welt stattfinden.

Hey, this new gay bar / gay club opened downtown, let's go tomorrow night.
Hey, in der Stadt hat eine neue Bar/ein neuer Club für Schwule aufgemacht, lasst uns morgen Abend hingehen.

Schwulenbars sind längst nicht mehr nur für Schwule! Frauen, die die Schnauze voll davon haben, in „normalen" Läden ständig von Männern angebaggert zu werden, treffen sich dort oft mit Freundinnen oder ihren schwulen Freunden. Sie können dort super abdancen und einfach nur Spaß haben, wenn sie keine Lust darauf haben, Männer zu treffen oder angegraben zu werden.

Sharon found a great dyke bar in the Village last night. !

Sharon hat gestern Abend eine tolle Lesbenbar im Village entdeckt.

Vorsicht! Auch wenn viele Lesben das Wort „dyke" benutzen, kann es megabeleidigend sein, wenn es ein Hetero sagt. „The Village" ist Greenwich Village, ein Bezirk am Stadtrand von New York.

4

We went to an awesome drag show last night.
Wir waren gestern Abend bei einer geilen Dragshow/Transvestitenshow.
„Drag queen" ist ein anderes Wort für einen Mann, der als Frau rumläuft. Eine „drag show" ist eine Performance von Männern, die sich als Frauen verkleiden (oft ziemlich extrem und auffällig).

Für Insider „Homosexuellen-Tourismus" ist eine wachsende Industrie in den USA. Es gibt Kreuzfahrten, Ferienorte, Hotels und Urlaubspakete speziell für homosexuelle Männer oder Frauen. Sogar Webseiten von gewöhnlichen Reisebüros bieten Links zu solchen Reisen. Urlaubsziele, die für ihre schrille Homosexuellen-Szene bekannt sind, sind Key West, San Francisco, Montreal und natürlich New York.

Beziehungskisten 5

- *Wie du deinen Freunden sagst, was geht*
- *Top oder Flop – Sprüche zum Schwärmen und Lästern*

5 Ihr habt nur Spaß?

Wenn du nichts Ernstes mit ihm oder ihr vorhast, dann sag's so:

We're just fooling around. *AE* / **We're just messin' around.** *AE* / **It's just a bit of fun.** *BE*
Es ist nichts Ernstes zwischen uns./Wir haben nur unseren Spaß.
Aber ein bisschen Sex gibt es trotzdem …

We got it on.
Wir hatten was miteinander.
Ringelpiez mit Anfassen, aber normalerweise kein Sex …

We're friends with benefits.
Wir haben eine Fickfreundschaft/„erweiterte" Freundschaft.
Die ganz besonders enge Freundschaft.

Etwas mehr? Es wird romantisch …

Schmetterlinge im Bauch? So erzählst du davon, wenn's ernster wird …

We got together.
Wir sind zusammengekommen.
Aha, nicht nur Kuss … und Tschüs, sondern mehr.

We're going out. *AE, BE* / **We're together.** *BE*
Wir sind zusammen.
Na endlich!

He's my boyfriend.
Er ist mein Freund.
Das heißt, andere Männer sind tabu.

Und schließlich ... Sex!

Wenn es zwischen euch so richtig heiß her geht ...

We're lovers. *AE* / **We're partners.** *BE*
Er ist mein Lover/Stecher./Sie ist mein Betthäschen.
„Lovers" bedeutet: Es geht hauptsächlich um das Eine ...

We're fuck buddies. *AE, BE* / **We're shag buddies.** *BE*
Wir haben eine Fickbeziehung.
Das heißt, du siehst ihn oder sie nur im Bett. In Großbritannien wird das Wort „buddies" auch für zwei Jungs benutzt; es kann sich also auch um eine homosexuelle Beziehung handeln ...

5

FACTS Nicht nur Erwachsene führen in den USA und in Großbritannien ernsthafte Beziehungen. Auch viele Jugendliche haben langfristige Beziehungen, in denen dann auch Sex eine Rolle spielt. Da viele Teenies jedoch nach ihrem Schulabschluss eine auswärtige Uni besuchen, überdauern solche Beziehungen meist nur noch die ersten paar Uni-Monate.

Betrüger und sonstige Beziehungsprobleme

Er oder sie betrügt oder vernachlässigt dich? So sprichst du mit deinen Freunden darüber:

John's a (serial) cheater.
John ist ein notorischer Fremdgeher.
Vergiss ihn!

Anne is so controlling.
Anne ist der totale Kontrollfreak.

Aaron doesn't give me any space.
Aaron gibt mir keinen Freiraum.

Nick is totally jealous.
Nick ist wahnsinnig eifersüchtig.

She'll never let me meet up with my friends without tagging along, too.
Sie lässt mich nie allein mit meinen Freunden abhängen, irgendwann taucht sie immer auch auf.

Kate's got major baggage.
Kate schleppt eine Menge emotionalen Ballast mit sich herum.

„Baggage" ist das, was du aus einer früheren Beziehung an Ballast in die neue mitbringst: z. B. Schwierigkeiten, jemandem zu vertrauen, weil dein letzter Partner dich betrogen hat. Es können auch Kinder sein oder eine Scheidung.

Tim is a two-timer.
Tim hat mit zwei Mädchen gleichzeitig was laufen.

Matthew is totally messed up / screwed up. !
Matthew ist total kaputt/im Arsch.

He's jealous of my friends.
Er ist eifersüchtig auf meine Freunde.

6 Schluss machen

- *Tipps für schwere und leichtere Trennungen auf Englisch*
- *Klatsch und Tratsch – was die anderen dazu sagen*

Entliebt?

Wie du es ihm oder ihr auf Englisch beibringst:

Auf die nette Art

Wenn du ihn oder sie nicht total verletzen willst, dann sag's so:

This isn't working out.
Das mit uns beiden funktioniert nicht.

I need some space.
Ich brauch mehr Freiraum.
Ups, das klingt nach Trennung!

Let's just be friends.
Wir bleiben Freunde.
Ja, alles klar.

Let's take a break.
Wir sollten eine Pause machen.
Der Spruch für Feiglinge – jeder weiß, dass damit alles vorbei ist.

We should see other people.
Wir sollten andere Leute treffen.
Teilen ist angesagt!

I'm not ready for this.
Ich bin nicht bereit für eine Beziehung.

It's not you, it's me.
Es liegt nicht an dir, ich bin an allem schuld.
Aber aus ist es trotzdem ...

It's over. / We're through.
Es ist aus.
Glasklar und krass auf den Punkt gebracht – hier bleibt kein Zweifel über deine Gefühle offen!

Auf die harte Art

Wenn du ihn oder sie ohne Rücksicht auf Verluste loswerden willst, kannst du's damit versuchen:

It's not me, it's you.
Es liegt nicht an mir, du bist an allem schuld.
Eine wirklich miese Abwandlung des netteren Spruchs „It's not you, it's me".

I've outgrown you.
Ich hab mich weiterentwickelt. (Wörtl.: Ich bin aus dir rausgewachsen.)

I want my freedom back.
Ich will meine Freiheit zurück.

Just forget about me.
Vergiss mich einfach.

Sorry, but my friends don't like you.
Sorry, aber meine Freunde mögen dich nicht.
Wenn du zu viel Schiss hast, ehrlich zu sein, kannst du immer deine Freunde vorschieben.

I love you like a brother / sister / friend.
Ich liebe dich, aber mehr wie einen Bruder/eine Schwester/einen Freund.
Autsch!

Für Insider Zu feige, um persönlich mit jemandem Schluss zu machen? Auf manchen Webseiten kannst du dir Schlussmach-E-Cards für deinen (ehemaligen) Schatz aussuchen. Du kannst zwischen allen möglichen Arten von Karten wählen, von süß und nett bis hin zu endfies und brutal. Komm nur ja nicht auf die Idee, ihr oder ihm später deine Freundschaft anzubieten ... dein Ex-Freund oder deine Ex-Freundin wird deine unpersönliche Schlussmach-E-Mail sicher nicht toll finden.

---

6 Konter

Gerade erst abserviert worden? Lass ihn oder sie nicht einfach so ohne ein paar gesalzene Worte deinerseits die Kurve kratzen, und zeig vor allem nicht, dass du traurig bist. Hier findest du ein paar Sprüche, mit denen du das letzte Wort hast.

That's cool, I've been wanting to ask your brother / sister / best friend out anyway.
Kein Problem, ich wollte sowieso mal mit deinem Bruder/deiner Schwester/deinem besten Freund ausgehen.

I'm glad you did this and saved me from having to be the bad guy ♀ / the bitch. ♂
Ich bin echt froh, dass du das übernommen hast. Jetzt bin ich wenigstens nicht der Böse/die Böse.
Tu so, als wäre er dir einfach zuvorgekommen ...

Great, now I can find someone who can really satisfy me.
Super, jetzt kann ich mir endlich jemanden suchen, der mich wirklich befriedigen kann.
Wenn alles andere nichts mehr nützt, geh unter die Gürtellinie.

Liebeskummer? So kannst du über die Verflossene oder den Verflossenen lästern …

Gemeinheiten über Jungs …

He's a …	Er ist ein …
player.	Aufreißer/Frauenbetrüger.
dog. *AE*	(untreues) Schwein. (Wörtl.: Hund) *In Großbritannien bezieht sich „dog" auf Mädels.*
scumbag.	Bastard.
creep.	Scheißkerl.
sleaze. *BE*	Dreckskerl/Schwein.
arsehole ! *BE* / **asshole.** ! *AE*	Arschloch.
dick.	Wichser. (Wörtl.: Schwanz)
wanker. *BE*	Wichser.

… und über Mädels:

She's a …	Sie ist eine/ein …
bitch. !	Fotze/Bitch. (Wörtl.: Hündin)
skank. ! *AE*	Drecksschlampe. *„Skank" spielt darauf an, dass sie eine Geschlechtskrankheit haben könnte.*

She's a …	Sie ist eine/ein …
hoebag.	Schlampe.
slapper. *BE*	Schlampe.
tart. ! *BE*	Schlampe/Flittchen.
slut.	Schlampe/Flittchen.
dog. *BE*	Schlampe/Flittchen.
whore.	Nutte.

Aus und vorbei

Was sagen die andern dazu?

She broke up with him.
Sie hat mit ihm Schluss gemacht.

She dumped him.
Sie hat ihn fallen lassen./Sie hat Schluss gemacht.

He split up with her.
Er hat mit ihr Schluss gemacht.

He sent her packing.
Er hat sie in die Wüste geschickt.

He gave her the boot.
Er hat ihr den Laufpass gegeben.

Klatsch und Tratsch

7

- *Tuscheleien von Traumtyp bis Kotzbrocken*
- *Body und Styling: der perfekte Look*

7 Schnitten und coole Typen

Du findest ein Girl oder einen Boy attraktiv? So sprichst du mit deinen Freunden darüber …

Wow, he's / she's …	Wow, er/sie ist …
cute.	süß.
hot.	scharf.
sexy.	sexy.
fit. *BE*	scharf.
stunning.	total süß.
amazing.	umwerfend.
tasty. *BE*	zum Anbeißen/klasse.
a hottie. ! *in AE*	ein total scharfer Typ.
got it goin' on. !	ein total scharfer Typ. (Wörtl.: bei dem/der geht was) Was auch immer „es" ist, er oder sie weiß schon, was du meinst …
really nice.	total lieb. Bei den Briten ein echtes Kompliment. Wenn jemand dich dort „nice" findet, hast du's schon geschafft. In den USA dagegen sagt „nice", wie das deutsche „nett", gar nichts …

Und das kannst du nur über sie sagen …

(Damn) that girl is …	(Wow) dieses Girl ist …
a babe.	'ne geile Puppe/'ne Perle.
smokin' hot. *AE*	voll scharf. (Wörtl.: so heiß, dass es raucht)
bangin'. *AE*	scharf. (Wörtl.: die haut rein)
phat. *AE*	phat. (Akronym für **P**retty **H**ot **A**nd **T**empting, wörtl.: ziemlich scharf und verlockend)

FACTS „To hit on" *AE*, „chat up" *BE* oder „come onto someone" heißt „jemanden anbaggern". Du kannst auch sagen „I made a pass at him/her". Aber sei vorsichtig mit dem Ausdruck „pick up": Er wird in Großbritannien wirklich nur für Prostitutierte benutzt!

Für Insider

Es gibt eine Menge Gerüchte darüber, auf was der Durchschnitt der Männer und Frauen so steht. Die gute Nachricht ist, dass jeder Mensch anders tickt und jeder auf unterschiedliche Dinge abfährt. Junge Männer bevorzugen immer häufiger unabhängige, selbstständige Karrierefrauen. Der Männertyp, der viele Frauenherzen höher schlagen lässt, ist eindeutig der „bad boy". Spätestens seit James Dean haben Amerikanerinnen (und nicht nur die!) eine Schwäche für den rebellischen Typen.

Egal, auf welchen Typ Mann/Frau du abfährst, hier findest du sie alle …

I like … Ich steh auf …

goodie-goodies. brave Jungs/Mädels.
Leute, die sich immer an die Regeln halten, gelten oft als langweilig.

nice guys. ♂ nette Typen.
Genau wie es sich anhört … ein netter, süßer, aufmerksamer Typ. Jemand, den du deinen Eltern vorstellen würdest.

good girls. ♀ nette Mädels.
Das weibliche Pendant dazu.

I like …	Ich steh auf …
bad boys / bad girls.	böse Jungs/böse Mädels.
	Der rebellische Typ, mit dem du erst eine superaufregende Zeit hast und der/die dir dann wahrscheinlich das Herz brechen wird.
jocks. ♂ *AE*	Sportler.
	Es stimmt zwar nicht immer, aber oft meint man mit „jock" auch, dass der Typ nicht sonderlich clever ist.

Von der Jungfrau zur Schlampe

So nimmst du kein Blatt vor den Mund:

She's …	Sie ist …
a good girl.	eine ganz Liebe.
a prude / frigid.	total prüde/frigide.
a flirt.	echt flirtig.

She's …	Sie ist …
a (cock)tease. 💣	ein Faker. (nach dem Motto „Heiß machen und stehen lassen“)
easy.	ein Flittchen.
a ho 💣 *AE, BE /* **hoochie.** 💣 *AE*	eine Schlampe.
a slut. 💣	eine Schlampe.
He's …	Er ist …
sweet.	süß.
a gentleman.	ein echter Gentleman.
all talk.	ein Typ mit einer großen Klappe, aber nichts dahinter.
a flirt.	echt flirtig.
a tease.	ein Faker/Aufreißer.
a player.	ein Aufreißer/Stecher.
a womanizer.	ein Aufreißer/Frauenheld.

He / She is a bit of a wild child.
Er ist ein ganz Wilder./Sie ist eine ganz Wilde.
Das kann heißen, dass eine Person total verrückt ist und jede Menge Unsinn macht oder dass sie im Bett voll abgeht.

He / She gets around.
Er/Sie fickt sich überall durch./Er/Sie macht mit jedem 'rum.
In den USA bedeutet „get around", dass man mit vielen Partnern Sex hat. In Großbritannien kann sich das Ganze auch auf Rumfummeln oder Knutschen beschränken.

Der perfekte Body

So redest du über den schönen oder nicht ganz so schönen Körper.

Katie has …	Katie hat …
a great body.	einen attraktiven Body.
long legs.	lange Beine.
a nice rack. 💣 *AE*	viel Holz vor der Hütte/zwei positive Argumente. (Wörtl.: ein geiles Regal)
great jugs. *BE*	große/dicke Titten.
great pups. *BE*	große/dicke Möpse. *„Pups" kommt von „puppies", saugenden Hundebabys.*
a nice ass. 💣 *AE*	einen geilen Arsch.

Kevin has …	Kevin hat …
a cute butt *AE* /	einen geilen Arsch.
a nice ass. *AE*	
great pecs.	tolle Brustmuskeln.
a six-pack.	einen Waschbrettbauch.
a nice package.	ein großes Teil.

Kevin is well hung.
Kevin hat ein großes Teil/viel in der Hose.

Chris is totally ripped. *AE*
Chris ist total muskulös.

Look at his pecs!
Schau dir diese Brustmuskeln an!

Bob is really buff. *AE*
Bob hat einen gut durchtrainierten Körper.
(Wörtl.: Bob ist echt aus starkem Leder.)

Becky's a 10.
Becky ist 'ne Nummer 10/perfekt.
Wenn du mit deinen Freunden über andere lästern willst, ohne dass es auffällt, ist das Nummern-System die perfekt-diskrete Methode. 10 ist absolut perfekt, eins … nicht ganz.

Mark …	Mark …
has a beer gut.	hat einen Bierbauch.
has love handles.	hat Rettungsringe.
has rolls *AE* **/**	hat Speckrollen
has tyres. *BE*	am Bauch.
is bald.	hat eine Glatze.
is short.	ist klein.
has man boobs.	hat einen Busen.

Amanda is totally flat.
Amanda ist total flach.

Jenny is flat as a pancake. *BE*
Jenny ist flach wie ein Brett. (Wörtl.: flach wie ein Pfannkuchen)

Michelle is a butter-face. ! *AE*
Michelle ist eine Gesichtsbaracke/Hackfresse. (Wörtl.: Michelle ist eine „bis-auf-das-Gesicht".)
Eigentlich „but her face", d. h. alles an ihr ist attraktiv … bis auf das Gesicht.

Nice from far, but far from nice.
Gut aus der Ferne, schlecht aus der Nähe.
Benutz dieses Wortspiel, wenn du jemanden von Weitem ganz attraktiv fandest, aber aus der Nähe …

7 Das richtige Outfit

Kleider machen Leute! Gib deinen Senf zu den Klamotten deiner Freunde.

Wow, Tom is really well-dressed! *AE* / **Tom is a good dresser.** *AE, BE* / **Tom is stylish.** *AE, BE*
Wow, Tom hat wirklich 'nen guten Modegeschmack./Tom ist ziemlich stylisch.

Michael is so preppy. *AE*
Michael zieht sich ziemlich konservativ/spießig an.
Das Wort „preppy" leitet sich ab von „prep schools", sehr teure private Highschools in den USA. Der „preppy" Look ist ziemlich gewöhnlich, aber nicht zu übersehen: khakifarbene Hosen, Strickpullis (oft über die Schultern gebunden), karierte Röcke, Poloshirts. Und jemanden „preppy" zu nennen, ist natürlich normalerweise kein Kompliment.

Natasha dresses like a ya *SCHOTTLAND* / **ra** *ENGLAND* / **sloane** *ENGLAND*
Natasha zieht sich konservativ/spießig an.
Die britischen Ausdrücke für den „preppy" Look. Pashminas sind ein absolutes Muss für jede Frau, Ugg-Boots und Designertaschen sind auch sehr populär. Gut sitzende Jackets, getragen mit einem Schal und Lederschuhen zum Schnüren sind bei den

Jungs total beliebt. Shirts von Ralph Lauren und gefütterte Barbourjacken sind für beide Geschlechter Teil des Looks.

Reshan is totally thugged out. *AE*
Reshan läuft 'rum wie der totale Gangster.
Der Gangsterlook kommt aus der Straßenszene und der Rapmusik: Dazu gehören Baggyhosen, eine Kappe oder ein Kopftuch und Goldschmuck.

Tom dresses like a skater.
Tom zieht sich wie ein Skater an.
Charakteristisch für diesen Look sind Baggyhosen, die bis unter den Po hängen.

Für Insider Amerikanische Männer haben den Ruf, sich gewöhnlich und langweilig anzuziehen. Aber eigentlich tragen sie ziemlich stylische Klamotten, wenn sie ausgehen. Die besseren Bars und Clubs haben meist Kleiderordnungen und clevere Jungs wissen, dass sie ein anständiges Outfit brauchen, wenn sie eine Frau abkriegen wollen.

7

She's a right chav. *BE*
Sie zieht sich total prollig an.
Ein „chav" ist ein Mann oder eine Frau, der/die auf Designerlabels und Baseballkäppis abfährt, hauptsächlich von Burberry oder im typischen Burberrymuster.

He dresses like a ned. *SCHOTTLAND*
Er zieht sich an wie ein Proll.
„Neds" ziehen sich an wie „chavs", aber fahren auch total auf Trainingsanzüge und weiße Turnschuhe ab. Sie gelten als dumm und kriminell und stehen darauf, in getunten Autos durch die City zu cruisen.

Wow, you look great, those stilletos are really hot.
Wow, du siehst super aus, diese Highheels sind wirklich heiß.

Jose looked so hot for our date: he was wearing these jeans that made his ass *AE /* **bum** *BE* **look great!**
Jose sah wirklich heiß aus, als wir unser Date hatten: Er hatte Jeans an, in denen sein Hintern echt geil aussah.

She dresses like my grandmother ♀ / He dresses like an old man. ♂
Sie zieht sich an wie meine Oma./Er zieht sich an wie ein alter Mann.

Her dress followed all the right lines.
Ihr Kleid steht ihr echt super.

She dresses like such a tart *BE* **/ ho.** *AE*
Sie zieht sich an wie die totale Schlampe.

Michelle …	Michelle …
is a great dresser. *AE*	zieht sich sehr gut an.
is really stylish. *BE*	zieht sich sehr gut an.
is super fashionable.	ist total modisch gekleidet.
is totally trendy.	kleidet sich ziemlich stylisch/trendy.
is very well-dressed.	ist sehr gut gekleidet.
has no fashion sense. *AE*	hat null Modegeschmack.
has no dress sense. *BE*	hat keine Ahnung von Mode.

7 Für Insider

Bei britischen Mädels ist zurzeit vor allem ein Look total in: Hüftjeans, die mit bunten Gürteln getragen werden, und dazu kurze Tops. Mittlerweile grenzt dieses Outfit allerdings schon ans Lächerliche. Die Hüftjeans haben einen ähnlichen Effekt wie die berüchtigte „builders-crack" ***BE*** oder „plumber's crack" ***AE*** (Bauarbeiterhose), d. h. sie sind so tief geschnitten, dass man schon die Pospalten sehen kann. Wenn sie dann auch noch mit kurzen Tops kombiniert werden, kommen dicke Bäuche oder der Hüftspeck, der über die Hose quillt, perfekt zur Geltung – in der Umgangssprache nennt man ihn „muffin tops". Es ist also kein sehr schmeichelhafter Look, er wird dich nur als „fashion victim" (Mensch ohne Modebewusstsein) outen.